DOU+投放从入门到精通

庞金玲 著

金城出版社
GOLD WALL PRESS
中国 · 北京

图书在版编目(CIP)数据

DOU+投放从入门到精通 / 庞金玲著. — 北京:金城出版社有限公司,2021.9
ISBN 978-7-5155-2244-9

Ⅰ. ①D… Ⅱ. ①庞… Ⅲ. ①网络营销 Ⅳ. ①F713.365.2

中国版本图书馆CIP数据核字(2021)第139837号

DOU+投放从入门到精通

作　　者 庞金玲
责任编辑 王寅生
责任校对 岳　伟
责任印制 李仕杰
开　　本 880毫米×1230毫米　1/32
印　　张 8.25
字　　数 160千字
版　　次 2021年9月第1版
印　　次 2021年9月第1次印刷
印　　刷 天津旭丰源印刷有限公司
书　　号 ISBN　978-7-5155-2244-9
定　　价 58.00元

出版发行 金城出版社有限公司 北京市朝阳区利泽东二路 3 号 邮编：100102
发 行 部 (010) 84254364
编 辑 部 (010) 64391966
总 编 室 (010) 64228516
网　　址 http://www.jccb.com.cn
电子邮箱 jinchengchuban@163.com
法律顾问 北京市安理律师事务所 18911105819

前言

在现有的短视频平台中，抖音可以称得上是“佼佼者”。据艾媒咨询[1]数据显示，2020年有70.9%的受访中国短视频用户表示使用过抖音App。抖音虽然发展时间较短，但追赶势头明显，2020年抖音平台入驻KOL[2]数量多，带货推广情况良好，已经成为用户人数相对较多的短视频平台。

很多人因此看中了抖音平台的发展机遇，纷纷入驻抖音，想要通过抖音平台获取利益。但这些人没有考虑到当前抖音平台的红利期已过，所以当越来越多的人入驻抖音平台，各种问题也随之而来：

1　艾媒咨询：专注新经济领域的第三方数据挖掘和分析机构。

2　KOL：Key Opinion Leader，营销学上的概念，指关键意见领袖，通常被定义为拥有更多、更准确的产品信息，且为相关群体所接受或信任，并对该群体的购买行为有较大影响力的人。

短视频上线好几天，几乎无人观看；

直播折扣力度大到几乎亏本售卖，直播间人气依然惨淡无比；

对标账号异常火爆，反观自己的账号，简直是门可罗雀；

明明投放了DOU+，别人的短视频可以登上热门，自己却一无所获。

对于这些问题，很多抖音运营者都遇到过。他们在抖音平台上投入了非常多的时间和金钱，但取得的效果却十分不理想，于是便抱怨抖音平台已无利可图，根本不值得进入。

真的是这样吗？

虽然抖音平台的红利期已过，整体节奏放缓，但这并不意味着在抖音平台没有发展机遇，相反，抖音平台的发展机遇是巨大的，运营者需要考虑的是如何才能抓住机遇。

很多人都知道DOU+，并且也尝试过为短视频或直播间投放DOU+，可一番操作下来，效果微乎其微，于是提出了所谓的“DOU+无用论”。但这些人真的了解DOU+吗？

抖音的火爆，让DOU+应运而生。“DOU+”是一款抖音加热工具，购买并使用后，你的视频会出现在抖音首页推荐流里，根据抖音的高效能推荐算法，能将你的视频推荐给更多感兴趣的用户或潜在粉丝，从而提升视频的播放量与互动量。

笔者运营抖音多年，深知DOU+是一款用处非常大的加热工具。笔者本人及团队都是DOU+的受益者，看到所谓的“DOU+无用论”后萌生了写作本书的念头。本书是一本系统、专业的抖音DOU+投放指南，分别介绍了DOU+的具体功能、推荐模式、投放策略、实战笔记以及隐藏玩法等内容，并对短视频DOU+和直播DOU+的投放方法和一些注意事项进行了重点说明。总结起来，本书有以下特色：

【文字简练，干货满满】

本书文字精简，内容涵盖DOU+投放的方方面面，对每一步操作都进行了详细解释，助力读者早日成为DOU+投放达人。

【图文结合，简单易懂】

本书图文并茂，方便读者理解。相信不管你是抖音运营小白还是资深运营者，阅读本书都能有很大收获。

【案例丰富，活学活用】

本书收录了大量真实的案例，借鉴了部分抖音运营高手的操作经验，助力读者将书中内容直接运用到实际操作中，边学习边实践，快速上手。

当然，掌握抖音运营以及DOU+投放技巧绝不是一蹴而就的，这需要长时间的探索，才能逐步积累丰富的操作经验。如果你也想像我一样成为DOU+的受益者，想要知道如何投放DOU+才能稳赚不赔，在抖音这个流量池中分得一杯羹，不妨从阅读本书开始。

目录

第 1 章　你不了解DOU+，何谈投放

第 2 章　DOU+投放的三大推荐模式

第 3 章　短视频DOU+投放策略

第 1 章
你不了解DOU+，何谈投放

俗话说：“磨刀不误砍柴工。”学习一个新事物，首先必须要了解它是什么，待透彻理解之后再去研究它的用法，往往能取得事半功倍的效果。本章将详细介绍DOU+作为抖音官方付费推广工具有哪些具体的优势，以及短视频DOU+和直播DOU+的具体区别，并对大多数运营者在投放DOU+时易陷入的误区等进行阐述。

1.1 DOU+，官方送你上热门

在短视频行业中，抖音就像一匹黑马，一骑绝尘，独占鳌头。自2016年上线以来，抖音的发展着实可以用“迅雷不及掩耳之势”来形容，仅用一年多的时间就同快手一起形成了“南抖音，北快手”的局面，并且此后一直保持飞速上升的态势。上线到现在四年多的时间，抖音不仅占据了短视频行业的半壁江山，更带动了整个社会社交方式以及消费方式的转变。

“蜀中桃子姐”自2018年8月开始在抖音发布美食视频，两年时间收获超过2000万粉丝，单条视频点赞量最高达195万，同时她还创办了同名美食品牌，年收入过百万。

提到抖音上热门的美妆品牌，“完美日记”是绝对能拥有一席之地的。2018年7月，其官方账号入驻抖音平台，据官方数据显示，“完美日记”最火爆的口红单品最高日销量达到20余万件。

穿搭类博主“胡楚靓”利用抖音平台销售个人品牌服装，据飞瓜数据（抖音版）[1]显示，仅2021年1月6日至12日这七天时间内，其品牌服装在抖音平台的销售量为9557件，销售额达到380万元。

据艾媒大文娱产业研究中心[2]于2021年1月23日发布的《2020-2021年中国短视频头部市场竞争状况专题研究报告》显示，2020年11月抖音平台月收入1万元以上的用户占整体用户的11.3%。同时据飞瓜数据监测，2020年抖音带货短视频以及带货主播的数量相较于2019年都有明显提升。由此可见，利用抖音平台赚取收益俨然已经变成了更多人的选择。

抖音营销进入狂热化阶段。

越来越多的人看到了发展机遇，纷纷入驻抖音平台。这意味着抖音运营在变得炙手可热的同时也面临着重重困难。

随着抖音的发展进入稳定期，平台各方面的机制日渐完善，想要在抖音上打造爆款短视频越来越困难，尤其是对新入驻的抖音运营者来说，时常面临着下列情况：

1　飞瓜数据：福州西瓜文化传播有限公司旗下产品，是一款短视频及直播数据查询、运营及广告投放效果监控的专业工具。

2　艾媒大文娱产业研究中心：艾媒网旗下的一个数据研究中心。

同样是花费大量精力精心制作的短视频，同类账号和内容就能登上热门，自己的却只能被湮没在短视频的“大海”里，掀不起一点波澜。

好不容易等到一条有点热度的视频，却也只是昙花一现。

短视频空有播放量，点赞、评论和转发的数量屈指可数，粉丝数量更是几乎为零。

投入大价钱购买了直播设备，可观看直播的人却寥寥无几，更不要说提升转化。

……

运营者要想在抖音平台上分得一杯羹，除了要有优质的原创内容外，还需要有大量的流量和曝光助力。正所谓“酒香也怕巷子深”，在抖音平台，优质的内容如果没有流量和曝光的加持，想要有进一步的发展几乎是不可能的。

诸多的困难使得很多想要入驻抖音的创业者望而却步。一部分人认为，抖音平台的红利期已经过去，新注册的账号以及新发布的短视频得到的流量和曝光越来越少，再加上整个平台的竞争也越来越激烈，布局和运营抖音变得困难重重，有些抖音运营者甚至认为抖音平台已经不值得进入了。

然而，事实并非如此。

《2020中国网络视听发展研究报告》指出，截至2020年6月，中国短视频用户超过8亿，市场规模高达1302.4亿元。

同时《2020抖音数据报告》显示，2020年抖音日活用户突破6亿，日均视频搜索量超过4亿。

从以上数据可以看出，抖音的发展虽然进入稳定期，但是作为一个流量高度聚集的短视频平台，依然有巨大的发展潜力。

总体看来，抖音还是值得进入的。

对新入驻的用户来说，抖音运营还是非常困难的。但运营困难并不意味着没有机会，运营者可以借助抖音官方付费推广工具“DOU+”来破除困局、突出重围，帮助短视频获取更多的曝光和流量，甚至登上热门。

1.1.1 什么是DOU+

DOU+，又叫“豆荚”，是抖音官方在2018年6月推出的一款为抖音运营者提供的视频加热工具。运营者通过购买DOU+，能够有效提高短视频的播放量和互动量，提升曝光效果，从而可以帮助创作者更好地进行内容运营，最终实现转化，获取收益。

用通俗的话来解释，DOU+就是花钱买流量。

根据投放对象的不同，DOU+可以分为短视频DOU+和直播DOU+，图1-1所示为具体细分类目。

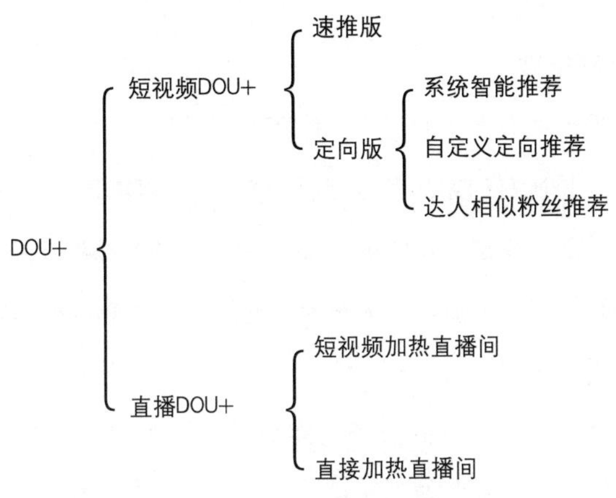

图1-1　DOU+的细分项目

DOU+作为一款帮助抖音运营者快速获取流量的工具，具有以下4个特点。

1.操作简单

抖音DOU+的操作十分简单，运营者可以在抖音App端直接一键操作，不需要进入后台，也不需要具备很强的运营能力。根据想要达到的目标，选择相对应的金额进行支付即可。

具体操作方法如下：

第一步，选择短视频，进入短视频播放页面，点击右侧的“...”。

第二步，点击“DOU+上热门”，选择投放模式以及投放金额，下单支付即可。

另外，运营者可在抖音App端后台查看DOU+订单，具体方法后文会详细说明。

2.流量精准

抖音平台拥有庞大的用户群体和优质的用户流量，但对运营者来说，并不是所有的用户都是目标用户。投放DOU+后，平台会根据“千人千面”算法，过滤掉一部分用户，将短视频直接推送给目标用户和兴趣用户，流量更为精准，有助于增加热度提高转化率。

3.预算较低

相对而言，DOU+的投资成本更低，比如抖音平台的另一款付费工具Feed流，通常情况下消费金额以千元为单位，而DOU+的最低消费是100元（新用户可享受一定的优惠）。对运营者来说，DOU+的投资预算更低，相对来说也更好控制。

4.效果稳定

DOU+的投放效果十分稳定，指向性强，运营者花费100元即可购买5000人次左右的短视频播放量或50~300人次的直播观众。对抖音运营者来说，DOU+的风险性较低，效果更可控。

1.1.2 DOU+的四大功能

DOU+是一款帮助运营者强力增加短视频热度的工具，它有以下四大功能，如图1-2所示。

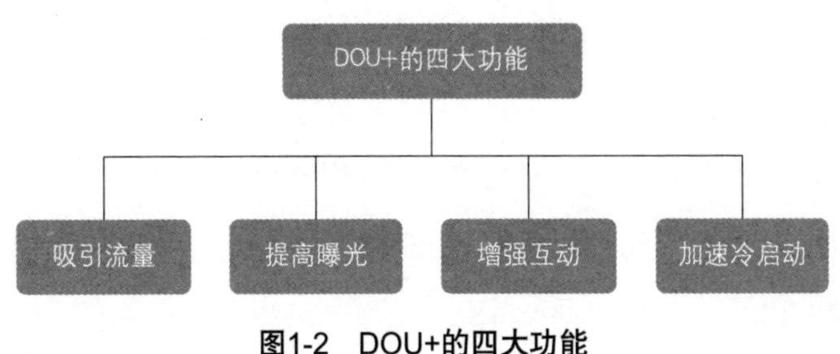

图1-2　DOU+的四大功能

1.吸引流量

如今我们正处在一个“流量为王”的互联网时代，流量几乎等同于出路，尤其是在抖音这样一个竞争分外激烈的平台。

但对于很多新账号来说，获取平台的自然流量相对比较困难。很多抖音运营者花费大量精力精心制作的短视频，投放到抖音平台后几乎没有流量，对此他们很是苦恼，不知道应该怎么操作才能获得更多流量和曝光。

其实通过投放DOU+可以很好地解决这一问题。作为一款“花钱买流量”的工具，DOU+最大的优势就在于能够帮助短视频获取更多的播放量和展现量，从而吸引更多的目标用户和精准流量。

同时，DOU+也能够很好地为直播间引流，吸引更多的用户进直播间观看，从而提升直播间转化率。

2.提高曝光

DOU+是一款视频加热工具，通过投放DOU+，能够迅速提升短视频的热度，为短视频带来更多的曝光量。

抖音运营者在操作投放DOU+时，花费100元就能获得5000次左右的播放量。

下面来看我们对一条短视频进行了24小时的系统智能投放DOU+，花费500元，设置期望提升点赞评论量，图1-3所示为投放效果对比。

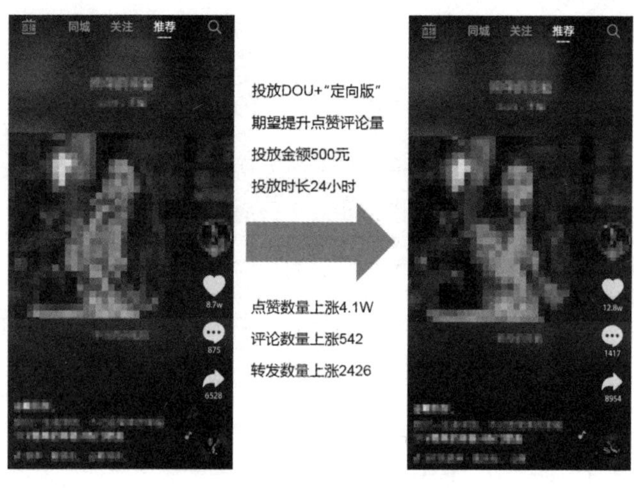

图1-3 DOU+投放前后效果对比

3.增强互动

DOU+采用的是多触点交互模式，也就是说DOU+并不仅仅是为短视频带来更多的播放量，算法还会根据账号定位和短视频的内容精准匹配目标用户和潜在粉丝，在增强视频曝光的同时能够很好地提升曝光效果，进一步加强抖音运营者与用户的互动，提高双方的互动率，从而提升转化率。

除此之外，为短视频投放DOU+，还能够更大程度地帮助抖音运营者及创业者了解和满足用户的多样化需求。这对吸引新粉丝和稳固老粉丝是非常有帮助的，有助于增强用户黏性，培养一批忠诚度极高的粉丝用户。

增强互动不只体现在短视频通道，DOU+还可以增强直播间主播和粉丝用户的互动，引导用户通过直播间购买商品，同样有助于提升直播间的转化率。

4.加速冷启动

冷启动在互联网领域主要指的是从零开始积累用户的过程。

抖音账号在创建初期没有粉丝基础，此时账号的自然曝光极低。另外，抖音平台不清楚该账号的目标定位、短视频风格、内容创意及其他信息，难以为其匹配目标用户，运营者发布的短视频很难被观众看到。这种状况往往会持续一定的时间，这就是账号的冷启动阶段。

好比在冬天启动车辆要比在其他季节更困难一样，抖音运营者在账号冷启动阶段面临着重重困难。比如同类账号内容相似度高，竞争激烈；平台审核严苛，难以获得自然流量；对用户一无所知，用户黏性低等。

账号冷启动阶段，借助DOU+能够更好地帮助抖音运营者尽快让账号步入正轨，其优势主要有以下三点。

（1）快速增加曝光，获取更多流量

我们对一个账号做了DOU+冷启动的效果测试，对处于冷启动时期的该账号投放了DOU+（定向版），将“期望提升”设置为“粉丝数量”，并支付100元。投放一周后，该账号的粉丝数量得到了明显增长，表1-1所示为账号冷启动时期DOU+投放前后的效果对比。

表1-1　抖音账号冷启动时期DOU+投放前后效果对比

	播放量	点赞量	评论数	转发量	粉丝数
投放DOU+前	257	156	3	0	8
投放DOU+后	5638	4967	105	19	97

（2）确定目标人群，提高匹配效率

账号运营初期，由于没有任何数据积累和用户积累，目标用户不确定，算法也无法对短视频进行推荐。同时，由于平台流量更多地向头部账号倾斜，新账号、新短视频会受到一定的流量限制。曝光不够，确定目标用户就更加困难。

此时就需要大量的流量作为支撑，只有获取足够多的曝光量和观看量，平台才能更准确地对目标人群进行分析，判断其是否为兴趣用户，从而锁定目标用户和兴趣用户。DOU+可以很好地满足这一需求，减轻运营者的工作量。

（3）缩短冷启动时间，提高冷启动效率

通常情况下，冷启动的时间约为3~5天。投放DOU+后，短视频的曝光量和播放量都得到显著提升，随之而来的就是点赞量、评论数、互动率和转发率的显著提升，账号冷启动的时间可能会缩短至2~3天，这就大大提高了冷启动的效率，整体效果也更加明显。

需要注意的是，DOU+是一款付费推广工具，既可以给自己发布的短视频投放，也可以给他人发布的短视频投放。

当给自己发布的短视频投放DOU+时，在播放页面点击右侧下方的“…”，再点击“DOU+上热门”即可，如图1-4所示。

图1-4　给自己发布的视频投放DOU+的操作界面

当给他人的短视频投放DOU+时，在播放页面点击右侧下方的转发符号，再点击“DOU+帮上热门”即可，如图1-5所示。

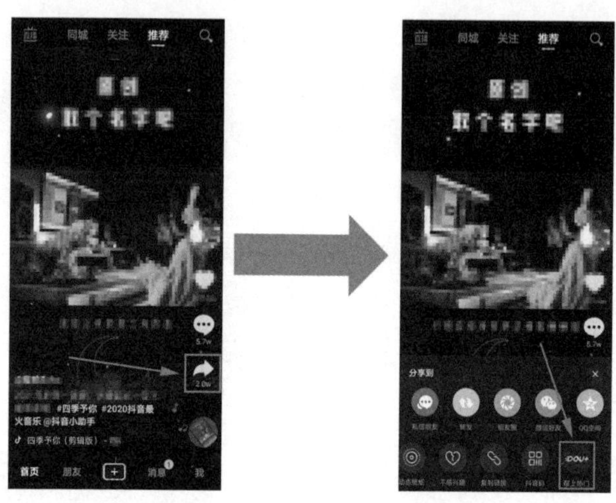

图1-5 给他人投放DOU+的操作界面

1.1.3 短视频DOU+与直播DOU+的区别

随着抖音直播的兴起和壮大，为满足广大用户的需求，DOU+增加了直播DOU+的功能。

短视频DOU+与直播DOU+从字面上很好理解，简单来说，短视频DOU+就是给短视频投放的DOU+，通过提高短视频的曝光率，实现播放量、互动量、粉丝量等数据的增长；直播DOU+就是给直播间投放的DOU+，从而提升直播间人气，同时提升商品转化率。

一部分运营者虽然清楚短视频DOU+和直播DOU+的概念，但是对两者的具体区别还不是很明确。其实，短视频DOU+与直播DOU+的区别主要有以下四点。

1.投放主体不同

短视频DOU+只能以短视频本身为主体进行投放，目的在于提升短视频的曝光量、点赞量、粉丝数、评论数、互动率等。

而直播DOU+有两种投放形式，运营者除了可以选择短视频加热直播间外，还可以选择直接加热直播间。即直播DOU+既可以以短视频为主体投放，比如，可以在直播前发布一条预热短视频，然后对预热短视频投放DOU+，为直播间引流；也可以以直播本身为主体投放，直播开始后，选择直接加热直播间，直播间就能通过直播通道推荐给用户，这样做能够直接有效地提升直播间的观看人数。这两种方式的最终目的都是引导用户通过直播间购买商品，提升转化率。图1-6所示为直播DOU+的两种加热方式。

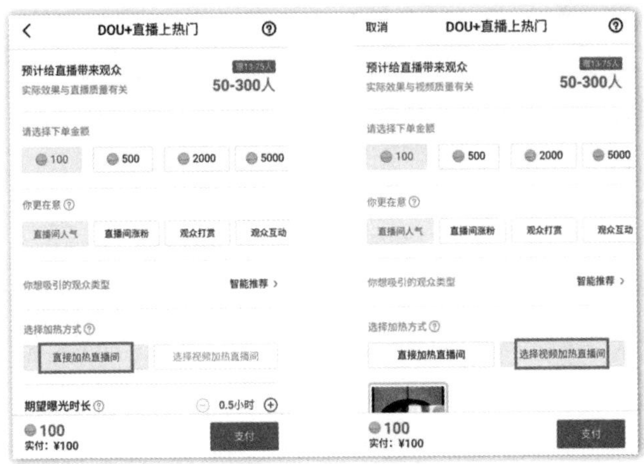

图1-6　直播DOU+的两种加热方式

2.投放逻辑不同

短视频DOU+和直播DOU+都是根据用户偏好进行推荐的，比如某用户在美食类短视频页面停留的时间比较长，并且在此类短视频产生的点赞、评论、转发等行为较多，平台就会判定该用户偏好美食类短视频，就会向其推送更多与美食相关的短视频或直播内容。

但是短视频DOU+和直播DOU+的投放逻辑有所不同。短视频DOU+针对短视频进行投放，平台依据用户偏好，将投放了DOU+的短视频推送给兴趣用户，只要在一定时间内达到规定的展现量和播放量，就表明投放已完成。图1-7所示为短视频DOU+的投放逻辑。

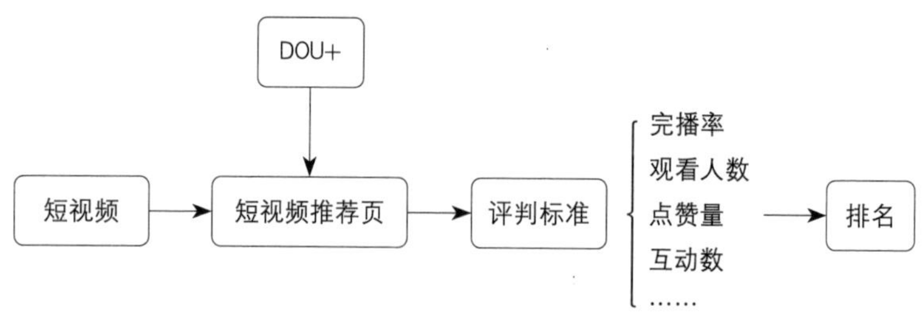

图1-7　短视频DOU+的投放逻辑

直播DOU+的两种投放主体决定了其有两种投放逻辑。除了关注用户在短视频通道的偏好，直播DOU+还关注用户在直播通道的偏好。比如，现在很多宝妈经常会在抖音平台观看母婴知识方面的短视频，而且会通过母婴类直播间购买产品，算法判定这类用户为母婴类偏好用户，就会将投放了DOU+的此类直播预热短视频或者直播间推荐给这类群体，如图1-8所示，为直播DOU+的投放逻辑。

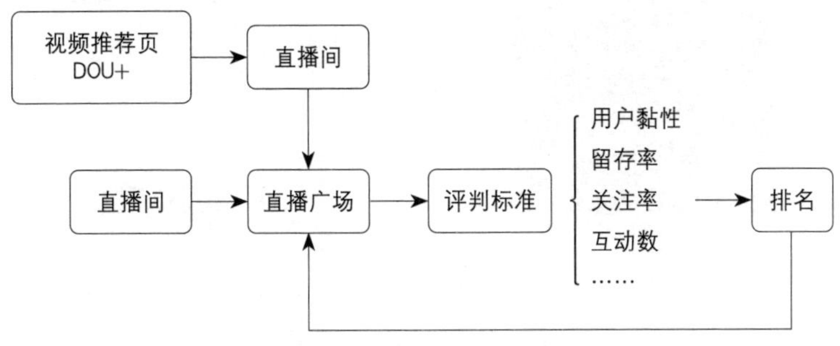

图1-8　直播DOU+的投放逻辑

3.曝光时长不同

短视频DOU+（定向版）可以选择投放时长为2小时、6小时、12小时或24小时，运营者可以根据自身需要设置投放时长。

直播DOU+投放时长为0~24小时，以0.5小时为增长单位，操作时平台会提示曝光时长与直播时长，两者越相近越有利于转化。即如果直播时长为2.5小时，可以设置直播DOU+投放时长为2.5小时。

如图1-9所示，为短视频DOU+（定向版）和直播DOU+在时长选择上的差异。

短视频DOU+（定向版）

直播DOU+

图1-9　短视频DOU+（定向版）和直播DOU+的投放时长区别

4.计费方式不同

短视频DOU+是按播放量计费的，每千次的播放量大约需要花费20元；直播DOU+是以预计给直播带来多少观众为标准计费的，不管是选择直接加热直播间还是短视频加热直播间，每花费100元预计可以给直播带来50~300人次的观众，如图1-10所示。

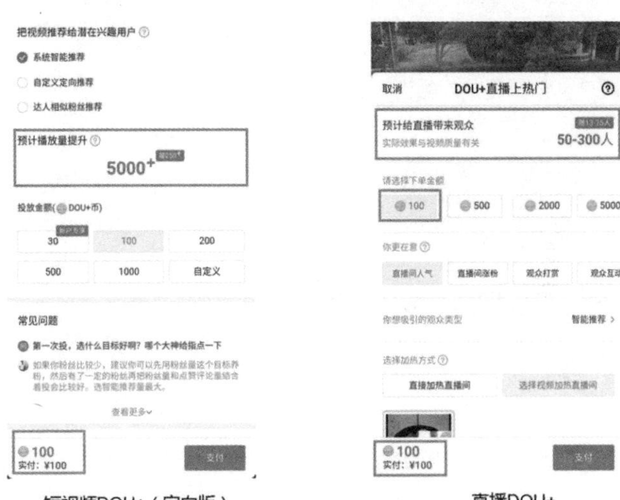

短视频DOU+（定向版）　　直播DOU+

图1-10　短视频DOU+（定向版）和直播DOU+的计费方式

1.2 选Feed流还是DOU+

为了帮助创作者引流和涨粉，抖音官方相继推出了“DOU+”和“Feed流”这两种付费推广工具。市面上针对这两者的课程也比较多，很多抖音运营者都看花了眼，却仍然不知道操作时该如何进行选择。其实只要弄清楚什么是Feed流，以及这两者的区别，再结合自身运营情况就很容易做选择了。

1.2.1 何为Feed流

Feed流是抖音于2020年4月推出的一款“直播间付费推广工具”。随着抖音直播日益火爆，Feed流玩法也被炒得火热，但是依然有很多抖音运营者还不太了解什么是Feed流。

1.Feed流的定义

抖音Feed流就是抖音信息流。“Feed”是喂养的意思，“流”是指信息有规律排列的一种呈现形式。即通过算法为不同的用户推荐他们感兴趣的内容并通过信息流的形式加以呈现。比如用户如果经常浏览美食相关的视频，后台就会判定该用户偏好美食类视频，根据“千人千面”推荐算法，之后平台就会向该用户推送更多的美食类视频。

作为一种付费推广工具，Feed流的作用同DOU+一样，都是为了快速吸引流量，提高曝光，从而提升转化，获取收益。

2.Feed流的分类

同直播DOU+一样，Feed流也可分为Feed流直投直播间和短视频引流直播间，如表1-2所示。

表1-2 Feed流直投直播间和短视频引流直播间的区别

分类	Feed 流直投直播间	短视频引流直播间
展现方式	直播间实时内容在Feed信息流中直接展示	在Feed信息流页面播放视频素材（账号头像有“直播中”提示）
投放路径	点击屏幕（非昵称）→原生直播间	点击头像→原生直播间
呈现形式		

1.2.2 DOU+与Feed流的区别

作为抖音在不同时期推出的付费推广工具，抖音运营者除了需要知道二者最大的区别是Feed流主要针对直播间外，还应该了解DOU+和Feed流的其他区别，便于在运营时有针对性地进行选择，以更少的投资获取更大的收益。以下是关于DOU+和Feed流的六点区别。

1.准入门槛不同

DOU+没有准入门槛限制，人人都可以进行购买投放；而目前Feed流广告只有企业或个体工商户可以投放，个人创作者是没有资格投放Feed流广告的。

如果个人用户想要投放Feed流，必须与有资格的广告开户账号进行绑定或者得到其授权才能投放，同时直播中所推销的商品也必须属于抖音小店商品，否则会被视作违规。

2.投放目的不同

DOU+的投放更看重的是能否通过付费推广获得更多的自然推荐流量，更加侧重内容，创作门槛相对来说更高，一般需要优质的内容加持才能获得较好的效果，整体更加娱乐化。

Feed流追求的是ROI[1]，更加关注投资带来的直接效益，并且不

---

1 ROI：投资回报率，指通过投资而应返回的价值，即企业从一项投资活动中得到的经济回报。

用制作视频，创作门槛较低，相对来说更加商业化。

3.推广模式不同

DOU+属于非竞价推广模式，只要支付相应的金额，就能获得对应的效果，操作较为简单。

Feed流属于竞价信息流推广模式，投资金额不固定，需要借助算法推荐，操作比较复杂。Feed流上线后几个月的时间里就衍生出了一个新兴职业——Feed流优化师。由此可见，它对运营能力的要求是非常高的。

4.投放逻辑不同

前面已经提到了短视频DOU+和直播DOU+的投放逻辑，图1-11所示为Feed流的投放逻辑。

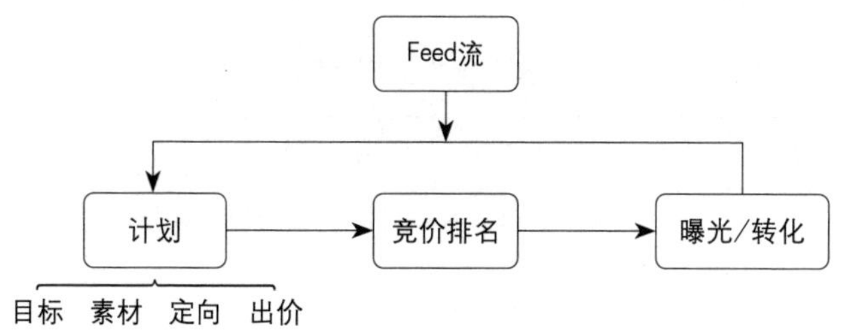

图1-11　Feed流的投放逻辑

由图1-11可以看出，Feed流投放不同于DOU+投放，Feed流投放需要建立计划，计划建立成功之后才会进入广告匹配流程，系统才能根据用户偏好进行相应的推荐。

5.计费方式不同

DOU+的投资成本较低，并且平台给的流量是确定的，一般情况下，支付100元可以获得5000次左右的播放量。

Feed流投资成本相对更高，通常情况下，Feed流开户首充至少数万元，即使是委托给专业的代投机构也要投入几千元甚至更多，并且不确定因素较多，如果预算过低，不仅达不到想要的效果，甚至有可能会白花钱。

6.用户群体不同

DOU+更适合个人账号，流量较为广泛，对初期增加流量及涨粉非常有帮助；Feed流更适合企业账号，可以直接为直播间导入流量，并且流量十分精准，有助于提高转化。

这两种推广工具具体适用人群，如表1-3所示。

表1-3　两种推广工具的适用人群

推广工具	适用人群
DOU+	（1）打算长期运营，具备持续的创作能力，能够长期输出优质内容的创作者。 （2）拥有一定粉丝数量的主播/名人。 （3）具有一定的专业素养但不具备商业素质的主播，如非遗文化传承方面的主播等。 （4）有调整账号标签需求的创作者。
Feed流	（1）预算较高，有一定的基础信息流操作能力。 （2）产品适合抖音直播形式，能有效控制投入产出比的商家。 （3）重视转化的商家。 （4）配备有控场能力较强，能够承接流量，引导转化的主播。

针对DOU+和Feed流的区别，可以进一步整理出二者的相对优势和相对局限性，如表1-4所示。

表1-4 DOU+和Feed流的优势及局限性对比

推广工具	相对优势	相对局限性
DOU+	（1）操作简单，运营能力无需很好。 （2）价格相对较低。 （3）效果稳定。	（1）对内容和创意的要求都很高。 （2）需要长期运营，见效慢。
Feed 流	（1）对内容的要求不高。 （2）效果直接，见效快。	（1）操作相对复杂，需要很好的运营能力。 （2）价格昂贵。 （3）效果不确定，比较被动。

总的说来，DOU+和Feed流虽然同为抖音官方推出的付费推广工具，但二者在很多方面都存在很大的区别，抖音运营者可以根据自身的定位和需要进行选择。

1.3 DOU+投放的四大误区，你踩坑了吗

DOU+作为一款短视频加热工具，通过投放DOU+能够为短视频集聚更大的流量，增加短视频的曝光量和展现量，帮助账号更上一层楼。

但很多抖音运营者在投放了一段时间的DOU+后发现，不仅效果达不到预期，钱还白花了，于是对DOU+失去了信心，甚至退出抖音平台。

其实并非是DOU+没有效果，而是因为有些运营者对DOU+的功能存在一定的错误认识。为使DOU+投放效果最大化，抖音运营者一定要注意避开以下四个误区。

1.3.1 误区一：错过黄金投放期

很多刚接触抖音的运营者，前期对DOU+的投放技巧理解得不够透彻，在投放DOU+的时间选择上也比较随意，没有考虑DOU+

投放的黄金时期。

比如，之前有一位抖音运营者由于工作性质的原因，没有考虑到DOU+投放的黄金期，发布短视频以及投放DOU+的时间都是根据自己的作息时间来安排的，经常在凌晨一两点发布短视频，并且进行DOU+投放。

但是由于凌晨使用抖音的用户比较少，而DOU+投放的时间又是有一定限制的，所以最终的结果便是短视频发布之后观看量比较少，DOU+的投放自然就没有什么效果，投放时间一到就自动失效了，最终的投放效果可想而知。

长期下来，这位运营者的抖音账号关注量一直不高。他认为是自己短视频的内容质量不过关，因此花费了大量的时间和金钱去优化短视频的内容，但是曝光量一直没有比较明显的上涨。后来经过他人的指导，他才明白是在投放时间上出了问题，由于没有抓住DOU+投放的黄金时期，才导致最终投放的结果不尽如人意。

后来该运营者调整了上传短视频以及DOU+投放的时间，同样的内容，花费同样的投放金额，短视频整体的效果是完全不一样的，这位运营者此时才意识到选择正确的投放时间的重要性。

抖音DOU+投放时间的选择是非常重要的，直接关系到投放最终的效果，恰当的投放时间可以带来更好的投放效果，反之收效甚微。这里的黄金投放期有两层含义，一是基于平台，二是基于内容本身。

1.平台的黄金投放期

基于抖音用户的活跃时间段，短视频的发布也有其黄金时段，在这个时间段内短视频结合DOU+投放才能取得更好的效果。以下是集合大多数抖音运营者的实操经验整理的基于用户活跃度最佳的DOU+投放时间。

早上7:00~9:00，这个时间段是大多数人上班前的通勤时间，抖音短视频的性质决定了用户可以利用碎片化的时间观看，说明这个时段的用户活跃度较高。

中午12:00~13:00，这个时间段一般是午休时间，大多数用户经历了一上午的学习或者工作，利用午休的时间观看抖音视频。

傍晚17:00~19:00，这个时间段是下班点，结束了一天的学习或工作，回家路上观看抖音短视频是大多数人的选择。

晚上21:00以后，结束了一天的日常事务，大多数人会利用这个闲暇时间段观看抖音短视频放松一下。

需要注意的是，以上四个时间段主要针对的是周一至周五的工作日，休息日的投放时间相对来说比较随意，运营者可以结合内容本身考虑选择时间段进行投放。

2.内容的黄金投放期

通常情况下，DOU+投放的最佳时间是短视频发布初期，短视频发布时间越久，投放DOU+的效果就越不明显。

运营者在运营抖音短视频时，看到短视频有成为爆款视频的趋势时，可以马上投放DOU+进行助推，在这个时间节点投放DOU+才更能够实现播放量的成倍增长，短视频上热门的概率也会变大。

抖音平台上的短视频都有它的发展周期，一旦错过投放的最佳时期，投入再多的钱都于事无补。

所以，抖音运营者要具有很强的互联网思维和敏锐的嗅觉，看准时机，结合平台黄金投放期和视频本身的发展趋势进行DOU+投放，这样才能避免“竹篮打水一场空”，将DOU+投放的效果发挥到最大。

1.3.2 误区二：过于依赖DOU+

DOU+的逻辑实则是花钱买流量，通过投入一定的费用，获取相应的流量。但有很多抖音运营者常常将DOU+的功能夸大化，过于重视DOU+的作用，认为只要将短视频发布到抖音平台上，然后再对其投放DOU+就一定能够获得很好的曝光效果，从而让短视频登上热门。

所以他们在运营时，几乎不考虑其他因素，将所有的短视频全部机械化地投放DOU+，最终的结果往往背道而驰。

比如某账号的运营者，由于入驻抖音比较早，在抖音刚推出DOU+时就已经投入使用了，所以吃到了DOU+的红利，早期投放DOU+还没有这么多规矩，操作也比较简单。

但是随着抖音平台的不断发展以及入驻抖音平台的创作者越

来越多，使用抖音DOU+的用户也越来越多，抖音平台也在不断调整、完善DOU+的运行机制，DOU+的投放也不再像之前那样简单，同时抖音平台也有意削弱了DOU+的功能。

但是该运营者没有注意到这些变化，只是一味地将DOU+视为短视频上热门的必备工具，在上传短视频后随即进行DOU+投放。渐渐地，投放的金额越来越多，但是投放效果却越来越差，该运营者才意识到抖音对DOU+投放做出了一些调整，不能再像之前那样依赖DOU+了。

不可否认的是，DOU+确实对提高短视频的展现量和播放量有帮助，能够很大程度地增加曝光，但是抖音运营者需要明确的是，DOU+只是抖音官方推出的一款加热工具，对视频的推广起到辅助作用，它更多的是配合自然流量使用，并非流量的主要来源。

DOU+虽然功能很强大，但毕竟不是万能的。随着抖音平台的各项发展机制不断健全完善，平台更多关注的是短视频内容本身，而非投放DOU+的多或少。

所以，DOU+并非是短视频上热门的必要因素。在运营时，抖音运营者以及创业者可以充分发挥DOU+的优势，利用DOU+的功能，但不可过分依赖DOU+的作用而忽视其他因素，避免造成不必要的损失。

1.3.3 误区三：忽视内容质量

众所周知，当前是一个流量为王的时代，互联网行业尤其是很多短视频平台过于强调流量的作用，而忽视了内容才是根本。

有不少运营者认为，抖音短视频只需要蹭热度，内容质量不重要，只要在上传短视频后多花费一些金额投放DOU+，效果自然能上去。于是在内容创作上便不再花费心思。

比如某企业账号的运营者，由于企业看准了抖音的发展机遇，在投放DOU+方面的预算比较充足，所以这位抖音运营者也就不计成本地进行DOU+投放，并且不考虑短视频的内容质量等其他方面的问题。当短视频被推送给用户时，用户无一不认为该企业账号下的短视频质量太差，不仅画面不清晰，而且内容毫无新意，但是还依然每天进行推送，时间一长，不少用户对该企业旗下的品牌以及产品都产生了反感。

一段时间后，导致该企业账号不仅销售产品数量为0，而且还损失了一大笔成本，企业负责人在了解了事情的原委后，对这位运营者进行了处理。

这个例子说明流量确实很重要，但是短视频的内容质量才是决定短视频能否上热门的关键因素。DOU+可以为短视频带来展现量和播放量的增长，但这并不是投放DOU+的最终目的。投放DOU+是为了提高点赞、评论、转发等数据，最终提高转化率，而这些数据更大程度上取决于短视频的内容。

但是DOU+并不是万能的，运营者在投放DOU+时一定要优先考虑短视频的内容质量，以免跟上述例子一样，不仅没有达到既定的效果，反而适得其反。

除此之外，DOU+投放结束之后，短视频还能否持续获取流量，取决于投放过程中短视频的各项数据，也就是前文提到的点赞、评论、转发等，只有数据好才有机会获取更多的流量，否则在DOU+投放结束之后流量供给也会停止，如图1-12所示。

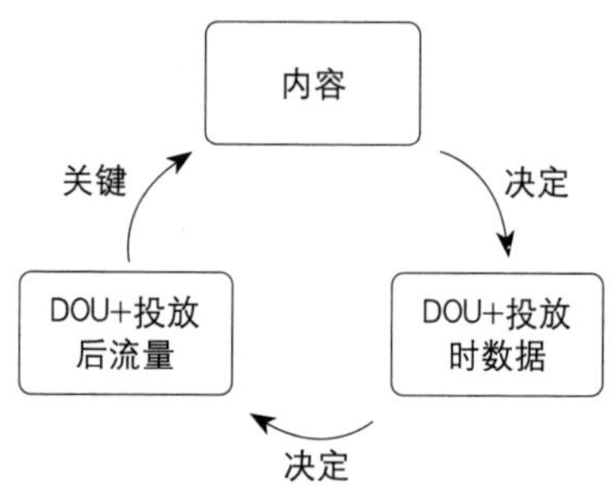

图1-12　内容与数据、流量的关系

由图1-12可以看出，短视频的内容质量决定了DOU+投放时的各项数据，而DOU+投放时各项数据的好坏决定了DOU+投放结束后视频能否持续获取流量，DOU+能否持续获取流量是短视频能够上热门的关键。

总的说来，DOU+只起到媒介的作用，短视频能否得到用户的青睐最终还是取决于内容本身。所以DOU+的投放归根结底是基于短视频内容的投放，抖音运营者必须强化以内容为核心带动人气的意识，确保短视频内容质量优良。

1.3.4 误区四：忽视数据分析

一部分抖音运营者认为DOU+的价格便宜且效果明确，只知道一味投钱；还有一部分运营者可能会对短视频的内容加以优化再投放DOU+，但是最终的结果都是亏损。究其原因，是这两者在投放DOU+的过程中都忽视了一个非常重要的环节——数据分析。

其实目前依然有很多抖音运营者在进行DOU+投放时仅仅依靠经验进行判断，甚至有的抖音运营者投放DOU+全靠运气。虽然偶尔的投放效果还不错，但是大多数时候的投放几乎是没有什么效果的。

比如，一位运营抖音多年的运营者，他运营抖音以及操作投放DOU+的效果还算不错，很多短视频都曾经登上了热门。后来有很多新手抖音运营者向其取经，想要学习他的方法与技巧，但这位抖音运营者曾公开表示，自己没有什么运营技巧，都是靠多年的经验积累。

很多人对此表示不屑，做互联网行业尤其是抖音运营不靠数据分析怎么可能，大家都认为是这位抖音运营者不想将自己的经验告诉大家，对此还造成了很大的误会。

其实大多数人的想法是正确的，从事互联网行业，尤其是像短视频这种新兴互联网行业，数据分析是十分重要的，没有数据分析，就无法保证每一次都能找准方向，也更加不能保证每一次投放的效果。

所以作为抖音运营者必须明白数据的重要性，要将数据分析牢记心中，通过数据来判断DOU+投放的效果并及时做出相应的调整，从而提高DOU+投放的成效。

数据是信息的载体，不管任何行业，数据都是非常重要的，很多企业领导人常常强调“用数据说话”也证实了这一点。

抖音是一个不断变化的平台，DOU+的投放策略也需要跟着平台的变化不断进行优化，只有充分了解实时数据，运营者才能有针对性地进行调整。运营者需要结合曝光量、评论数、互动率等数据分析出哪个时间段投放DOU+效果最好，投入多少钱更为合适，选择什么渠道效果最好等问题，不断调整优化投放战术。

只有建立自己的“数据库”，才能为未来的短视频内容创作以及DOU+投放提供更好的参考，也能更大程度地避免犯错，降低试错成本。总的来说，抖音运营者在投放DOU+时，一定要进行数据分析，控制好投入产出比，否则容易造成“赔了夫人又折兵”的局面。

关于数据分析，在本书的最后，为大家提供了一些第三方数据分析平台，运营者们可以自行查看并根据自身需要进行选用。

第 2 章
DOU+投放的三大推荐模式

正所谓“具体问题具体分析”。由于抖音账号所处的阶段有所不同且运营者的操作水平不一，抖音DOU+有针对性地推出了三种不同的推荐模式，分别是系统智能推荐、自定义定向推荐以及达人相似粉丝推荐。本章将对这三种推荐模式的具体优势、投放技巧等方面进行介绍。

2.1 推荐模式一：系统智能推荐

DOU+是一款内容加热工具，是抖音官方推出的短视频速推渠道，能够帮助运营者把视频推荐给兴趣用户和潜在粉丝。可以理解为通过投放DOU+帮助内容再次通过推荐回到抖音的大流量池里，甚至能够登上热门，也就是赋予了短视频更多的竞争机会。

那么，作品投放DOU+之后，会推荐给哪些用户，用户从哪些渠道观看视频，以及投放DOU+的钱花到哪里去了，这些都是运营者必须要了解的问题。要了解这些问题，我们不妨从DOU+投放的三种模式开始谈起。

大数据时代，云计算技术不断突破，给人们的工作生活带来了极大的便利，应用到抖音平台，可以大大降低抖音运营的难度。

针对很多想要通过投放DOU+获取更多的曝光和流量，但却缺乏运营经验，不知该如何操作的抖音运营者或创业者而言，DOU+定向版的系统智能推荐是一个很好的选择。

2.1.1　何为系统智能推荐

顾名思义，系统智能推荐指的是不需要运营者手动选择投放方向，系统会自动对账号定位和短视频内容进行分析，通过算法智能锁定该短视频的兴趣用户和潜在粉丝，直接将短视频推送给这类人群。比如某运营者运营的账号是美妆领域的，系统就会自动将该账号的短视频推送给经常浏览美妆类短视频的用户。

系统智能推荐可以选择期望提升点赞评论量、粉丝量或主页浏览量，投放时长可设置为2小时、6小时、12小时、24小时，如图2-1所示。

图2-1　DOU+系统智能推荐界面

系统智能推荐作为最简便快捷的推荐模式，有以下两个显著特点。

1.操作简单

系统智能投放模式能够通过数据的处理和反馈，对随机性的事物进行分析判断并迅速采取行动。

换言之，运营者在投放DOU+时选用这种模式几乎可以完全借助于算法进行智能投放，不需要自己运营，操作相对来说比较简单。

2.效果直接

系统对投放了DOU+的短视频进行智能分析后，会迅速锁定目标用户，直接将短视频推送给目标用户。

一方面能够节省大量的时间，在短视频有“爆”的倾向时迅速帮助短视频获取更多的流量和曝光，助力短视频登上热门，也就是我们俗称的“趁热打铁”。

另一方面能够大大提升知名度和转化率，因为DOU+系统智能投放选取的用户基本都是兴趣用户或潜在粉丝，有助于稳固粉丝，增强粉丝的忠诚度，从而提高账号的知名度，也能在一定程度上提高账号的最终转化率。

2.1.2 系统智能推荐的两种适用情况

系统智能推荐虽然具备自身优势，操作起来非常简单，效果也比较明显，但并不是所有的情况都适合用该种投放模式。

通常情况下，DOU+定向版系统智能推荐模式主要适用于以下两种情况。

1.运营者经验较少

一部分刚接触抖音运营的运营者，各方面的操作经验不足，想要控制预算，又急于出效果，系统智能投放就是优先选择。

前文有提到系统智能投放的两个显著特点就是操作简单和效果直接，所以针对没有经验或者经验不丰富的运营者来说，系统智能投放就是比较合适的选择。

比如有一位刚毕业的新手运营者，没有相关的工作经验，也没有接触过短视频行业，操作起抖音来一头雾水，不知道该从哪里下手好，尤其是在DOU+投放这方面，因为涉及成本投入，怕投入了又没有效果，最后令自己的工作也泡汤了，所以操作时难免有些畏首畏尾。

后来经过仔细研究，发现DOU+投放定向版有一种推荐模式是系统智能推荐，只需要投入一定的金额，系统就会自动根据短视频的内容以及账号的定位等智能匹配目标用户，这简直就是新手运营者的“福音”。于是这位新手运营者在前期一直采用系统智能推荐这种模式，然后再慢慢地积累相关的操作经验，最终取得的效果非常好，投放DOU+之后，短视频的整体效果也得到了显著的提升。

2.没有明确的目标人群和兴趣用户

投放DOU+最直接的目的就是为了增加视频的展现量和播放

量，吸引更多的目标用户。但一些运营者表示他们没有明确的目标用户，以下是两种细分情况。

（1）账号起步阶段

前文讲到抖音账号普遍都会经历一个冷启动阶段，在此阶段，自然流量极少，账号特征和内容特征不明显，很难精准匹配目标人群和兴趣用户。

抖音运营者想要借助DOU+来为短视频引流，增加短视频的播放量，但是苦于没有明确的目标人群，无从下手。此时就可以使用系统智能投放模式，让算法根据短视频的内容和描述匹配兴趣用户。

（2）账号受众较为复杂

抖音运营者以及创业者在运用抖音时需要面临的一种情况是账号本身的定位不够细化，受众比较复杂，不够单一。

比如好物推荐类账号，这类账号可能会推荐不同领域的产品，如厨房用品、办公用品、零食小吃等，也就是说同一个账号呈现出来的内容是不一样的。

又或者类似“陈翔六点半”这类娱乐搞笑类账号，没有固定的受众人群，粉丝的整体特征极其不明显。

像这几种账号发布的短视频针对的受众人群是不一样的，面对这种情况可以使用DOU+系统智能推荐模式，借助算法匹配目标用户。

2.1.3 系统智能推荐的使用技巧

虽然系统智能投放是依靠平台的算法机制为短视频匹配目标用户，但是对运营者来说也不是没有技巧可言，运营者可以通过以下两个技巧来更好地进行系统智能投放。

1.设置投放时间

抓住投放的黄金时期，一方面，抓住短视频本身的发展趋势，在短视频有“爆”的走向时进行投放。

另一方面，结合抖音平台的用户活跃度进行投放，可以遵循DOU+投放的四个黄金时间段来进行投放，最终的投放效果也会更好。

2.小额多次投放

在投放初期由于经验不足，可能会出现一些操作失误的现象，为了避免造成不必要的损失，抖音运营者可以采用小额多次投放的方式。

比如每则短视频的总预算为300元，则可以设置每小时投放100元，总共投放三轮，观察实时效果，若数据上升可适量多投一些，反之则减少投放。

2.2 推荐模式二：自定义定向推荐

自定义定向推荐模式主要针对的是定位比较清晰明确的账号，而且目标用户的各项特征比较一致。比如求职面试类的短视频，运营者就可以设置推送的用户属性为18~23岁的大学生群体。

自定义定向推荐可以按照性别、年龄、地域来进行定向推荐。抖音运营者在前期明确了账号的定位之后，在投放DOU+时即可非常清楚地进行定向推荐。比如某账号最初的目标用户是男性用户或者某地域范围内的用户，运营者在投放DOU+时就可以选用自定义定向推荐，圈定推荐用户范围。

也就是说，使用自定义定向推荐模式能够更好地实现精细化运营，提升运营效果。

2.2.1 何为自定义定向推荐

简单来讲，自定义定向推荐是指运营者购买DOU+后，可以结合自身运营的需要，自主选择短视频投放的用户类型，对性别、年龄、地域、兴趣爱好四大特征标签进行设置，更为精准地匹配目标用户，如图2-2所示。

图2-2 自定义定向推荐的操作界面

同系统智能推荐一样，自定义定向推荐也有三个“期望提升”的选项，并同样能对投放时长进行设置。

比如穿搭类的账号尤其是企业账号，在进行DOU+投放时就非常适用于自定义定向推荐，因为这类账号的目标用户包括潜在粉丝基本都是年轻女性，因此在选择DOU+投放模式时即可选择自定义定向推荐并且将投放人群限定为18~30岁的女性用户。

2.2.2 自定义定向推荐的优势

自定义定向推荐的优势主要有以下三点。

1.流量更精准

通过设置用户属性，限定用户特征，系统能够自动过滤掉一部分非兴趣用户，更加快速地锁定目标用户，将短视频内容更为精准地投放给目标受众。

因此，自定义定向推荐非常有利于运营者进行用户调查和分析，了解用户的需求，然后有针对性地进行调整，帮助运营者更高效地运营。

2.成本更低

DOU+的投放是以播放量为标准进行计费的，100元可以购买5000次左右的播放量，但是没有指明投放给了哪些用户。虽然系统智能投放模式可以根据数据进行推送，但是有些运营者认为这种模式还是不够直接，成本也较难控制。

而自定义定向推荐就能很好地解决以上这些问题。

自定义定向投放限定了用户的范围，几乎投放的所有用户都是目标用户。同样是花100元购买5000次左右的播放量，使用了自定义定向投放的短视频都会被推送给目标用户，这样一来，就节省了成本，避免了不必要的资金流失。

3.转化率更高

对于运营者而言，投放DOU+后最关注的就是最终的效果。如果进行了DOU+投放，最终却没有获得好的效果，这就意味着成本会更高。

但通过自定义定向推荐，可以为短视频匹配更为精准的用户，也就是说，投放人群经过了筛选，这些受众基本都是兴趣用户和潜在粉丝，非常有助于最终的转化，从而提升转化率。

2.2.3 自定义定向推荐的使用技巧

自定义定向投放对部分抖音运营者来说有一定的难度，投放时可以参考以下四点技巧。

1.选择合适的时间点投放

前文有提到DOU+投放有一个黄金时期，错过这个时期再进行投放效果非常不明显。一方面，运营者可以根据平台的整体数据，选择流量高峰期进行投放，比如晚上八点左右，使用抖音的人数较多；另一方面，运营者可以结合短视频自身的数据，在数据呈现上升趋势时进行投放，效果最好。

2.选择地区定向投放

运营者如果有确切的需要可以选择地区进行投放。选择最合适的区域范围进行投放，过滤掉其他区域的用户人群，更有助于提高转化。

比如某个体户经营一家实体店铺，希望在抖音平台投放DOU+，以提升自己实体店铺在当地的知名度，将线上流量转换成线下流量。这种情况就可以使用自定义定向投放模式，并且限定短视频推送的地区范围为同城或附近区域，为自己的实体店铺带来直接流量。

3.选择兴趣标签定向投放

兴趣标签是抖音改版后自定义定向投放新增加的一个功能，且可以选择多个兴趣标签，非常有利于提高投放的精准度，如图2-3所示，运营者可以结合自身账号的定位以及短视频的内容进行选择。

图2-3　自定义定向投放的兴趣标签

4.账号受众的整体特征比较一致时投放

大多数账号在经过一段时间的沉淀后，定位会更加清晰，受众的整体特征更加一致，这时就可以直接使用自定义定向推荐模式，根据受众特征限定用户范围，这样做能使推荐流量更加精准，从而节约成本。

另外，在投放DOU+时核心条件的限制要适度，定向投放的条件限制不可过于精确详细，因为条件设置范围太小，会直接导致总体受众变少，从而有可能造成短视频投放不出去的情况。

2.3 推荐模式三：达人相似粉丝推荐

第三种投放模式是达人相似粉丝推荐模式。首先运营者需要了解何为“达人”，“达人”是指在某一领域非常专业的人物，即某方面的高手，在短视频行业，可以简单理解为“网络红人”。

达人相似粉丝投放模式是指运营者可以选择将短视频内容投放给哪些达人的粉丝。

选用达人相似粉丝推荐模式需要注意的是只有真正的垂直类账号才是有投放价值的，比如目标用户都是女性粉丝或者都是有某种共同需求的用户如创业者。只有当达人账号与自身账号的目标用户高度一致的时候才有投放的价值和必要性，否则不建议使用这种推荐模式。

2.3.1 何为达人相似粉丝推荐

抖音运营者以及创业者可以将达人相似粉丝投放简单理解为找

到在抖音上和自身账号内容相似、风格相似以及调性相似的达人账号，在投放DOU+时勾选这些达人，系统就会将短视频推送给他们的粉丝，如图2-4所示。

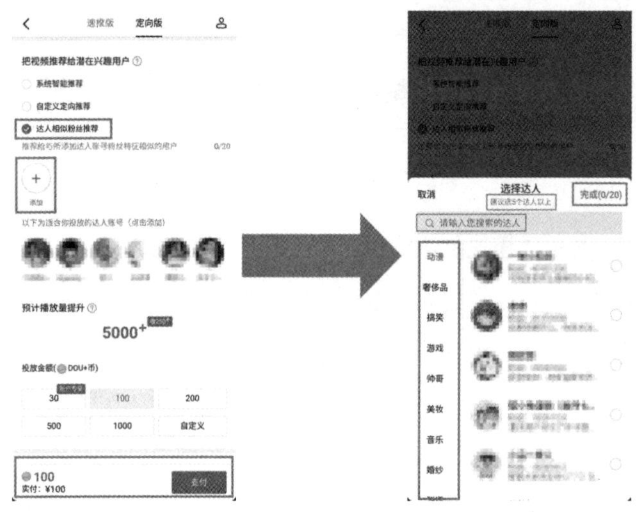

图2-4　达人相似粉丝推荐的操作界面

由图2-4可以看出，达人相似粉丝推荐模式是非常人性化的，运营者可以直接选择平台推荐的达人账号进行投放，也可以通过账号分类搜索相似达人或者直接在搜索框搜索相似达人，一次最多可添加20位达人。

达人相似粉丝投放作为一种极其精准的投放方式，具有以下两个优势。

1.分散达人账号的流量

达人相似粉丝投放对运营者来说是一种“走捷径”的方式，达人账号经过长时间的运营以及平台的扶持，汇聚了大部分流量。

使用达人相似粉丝投放模式，将短视频推送给达人的粉丝，虽然表面上是加剧了和达人账号的竞争，但实则是分散了达人账号的流量，为自身争取到了更多更精准的流量和曝光。

2.获取更多的优质粉丝

达人账号经过长期的运营，积累和沉淀了一大批粉丝，这类粉丝一定是对某个领域特别感兴趣并且忠诚度非常高的用户。

使用达人相似粉丝投放模式，利用相似的短视频内容吸引达人的粉丝观看，一来可以获取更多有价值的优质粉丝，二来可以检验自己的短视频内容在同一领域受用户喜爱的程度，及时对内容进行调整。

2.3.2　达人相似粉丝推荐的绑定数量

系统给出的限定是，在使用达人相似粉丝推荐时最多可选择20位达人进行绑定。但是一部分运营者可能会疑惑同领域的达人账号那么多，不确定投放几个人效果最好。根据实际操作经验和诸多具有丰富经验的运营者反馈，达人相似粉丝投放5个人最为合适，这也是抖音官方给出的建议人数，原因主要有以下两点。

1.达人数过少粉丝基数不够

如果添加投放的达人数过少，导致的直接问题就是粉丝的数量不够，因为系统并不是进行大范围的推送，在推送时算法依然要分析用户偏好，如果粉丝基数过低，算法能够匹配到的相似粉丝就会过少，也就失去了达人相似粉丝推荐的意义。

2.达人数过多粉丝不够优质

如果添加投放的达人数过多，就会导致粉丝整体特征过于分散，粉丝的偏好也就不够集中，算法在进行相似粉丝分析时也会更复杂一些，同时所匹配到的粉丝对运营者来说就基本没有价值。

总的来说，选用达人相似粉丝推荐模式时，选择数量过多的相似达人，或者较少数量的达人，效果都可能不尽人意。因此，投放5个达人比较合适，投放效果也更为明显。

2.3.3　达人相似粉丝推荐的使用技巧

运营者在进行达人相似粉丝投放时，除了要了解投放几人比较合适外，还需要了解一些更为具体的投放技巧。

1.选择粉丝量适中的达人账号

运营者要格外注意的是，在选择达人时不要选择头部、超头部的达人进行投放，因为这部分账号的粉丝量大，粉丝偏向大众化，粉丝的整体特征就更加分散。

所以运营者应该选择粉丝数量适中的达人账号进行投放，这些账号的粉丝特征更为统一，粉丝质量也更为优质，对运营者更有利。

2.达人账号和自身账号重合度高

达人账号和自身账号的重合度高主要体现在定位和内容两个方面。

首先，二者的账号定位必须高度一致，也就是涉及的领域必须相同，比如美妆护肤领域、可爱萌宠领域、服饰穿搭领域等，只有账号定位一致，粉丝的重合度才会更高，此时使用达人相似粉丝投放才会更有效果。

其次，二者的短视频内容也要大致相同，这是因为平台算法会根据用户偏好为其推送短视频，比如用户在浏览某舞蹈教程之后，系统会主动向其推送另一个风格和内容都极其相似的舞蹈教程短视频，也就是说，保持二者的内容大致相同能够加大被推送的概率，投放效果也会更好。

第 3 章
短视频DOU+投放策略

抖音作为国内数一数二的短视频平台，用户人数居所有短视频平台之首，同时平台用户间的竞争也是最激烈的。当前抖音红利期已过，短视频想要登上热门越来越难，如何借助短视频DOU+在众多短视频中崭露头角是本章要讨论的主要内容。本章将针对投放前、投放时以及投放后三个时间段对短视频DOU+的投放策略和技巧做出详细说明。

3.1 投放前，判断该不该投DOU+

很多新手运营者在刚接触DOU+时，对DOU+的功能存在一定的误解，认为短视频只要投放了DOU+，就一定能够上热门。

这种观点是错误的。首先，DOU+并不是短视频上热门的必要条件，其次也并非所有的短视频都适合投放DOU+。在投放DOU+之前，我们要对短视频自身的数据进行一个初步的判断，根据数据来分析短视频的走向以及有没有投放DOU+的必要。

那么，如何判断短视频该不该投放DOU+呢?

通常情况下，判断一条短视频能否上热门的因素主要有四个，分别是完播率、点赞率、评论率和转发率，如表3-1所示。抖音运营者在投放DOU+之前也应结合这四个数据来判断是否投放DOU+。

表3-1 判断是否投放DOU+的标准

指标	含义	判定标准	是否可以投放
完播率	平均播放时长	≥30%	可以投放 DOU+
点赞率	视频点赞量与视频播放量的比例	≥3%	
评论率	视频评论量与视频播放量的比例	≥1%	
转发率	视频转发量与视频播放量的比例	≥0.5%	

3.1.1 投放指标1：完播率≥30%

“完播率”是判断一条短视频质量好坏的重要指标。当前大多数人都将完播率简单理解为短视频上线后，看完整个短视频内容的人数占总观看人数的比例。

其实并非短视频播放完毕才算完播率，在抖音官方发布的最新概念中，完播率指的是平均播放时长，也就是平均所有人看了多少秒。

假设短视频A是一则时长为20秒的短视频，被上传到抖音平台后，有20位用户观看该短视频，其中有10位用户看完了整个视频，10位用户看到10秒钟时退出；短视频B是一则10秒的短视频，被上传到抖音平台后，有20位用户观看该短视频，其中有10位用户看完了整个视频，10位用户看到5秒钟时退出。

则短视频A的平均播放时长为15秒，短视频B的平均播放时长为7.5秒。则平台判定短视频A相较短视频B更加优质，会对其分配更多的流量。

换句话说，并不是视频时长越短，完播率才更容易提高，所以抖音运营者应注意在提高完播率的同时保持短视频的完整性。

根据诸多资深运营者的经验，抖音短视频完播率达到80%以上的短视频即可视为爆款短视频。而在不付费的情况下，短视频的完播率达到30%则被平台判定为优质短视频，平台会在下一阶段给出一定的流量扶持。

简言之，一条短视频的完播率达到或超过30%，就可以投放DOU+，否则不建议投放。

短视频的完播率如何查看呢？

打开电脑端抖音后台并登录，点击进入“创作服务平台”，展开“视频数据”，便可以查看所有的数据，然后点击“作品数据”，选择具体视频，即可查看单个视频的播放数据，包括“播放总量”“播放完成率”以及“平均播放时长”，如图3-1所示。（注意：此操作需要粉丝超过一定数量才可以查看，否则无权限查看。）

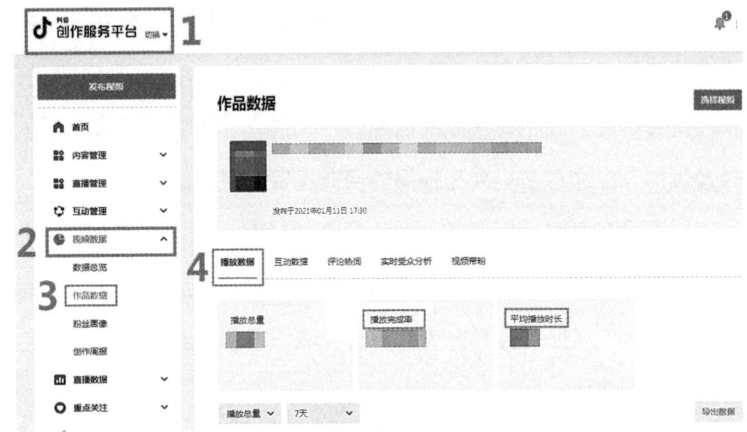

图3-1　完播率的查看方法示意

3.1.2　投放指标2：点赞率≥3%

“点赞率”是判断一条短视频能否上热门的一个重要因素。

1.点赞率的判定标准

根据众多抖音运营者总结的经验，如果一条短视频的点赞率达到或超过3%，平台算法机制就会更多地对这则短视频进行推荐，相反，如果低于这个数值，平台则会相应地减少对短视频的推荐。

简言之，只有短视频的点赞率达到3%或3%以上，才更适合投放DOU+。

点赞率指的是点赞量占播放量的比例，计算公式为：点赞率=点赞量/视频播放量×100%。

点赞率的查看方法同完播率类似。

由电脑端登录，然后进入“创作服务平台”，展开“视频数据”，再点击“作品数据”，在“互动数据”里查看“视频点赞数”，然后查看“播放数据”里的“播放总量”，如图3-2所示。结合上述公式，进行点赞率的计算。（注意：此操作需要粉丝超过一定数量才可以查看，否则无权限查看。）

图3-2　视频点赞数的查看方法示意

如图3-3所示为某账号后台数据，其当前的“播放总量”为15868，“视频点赞数”为657，则该则短视频的点赞率为：$657/15868 \times 100\% \approx 4\%$。

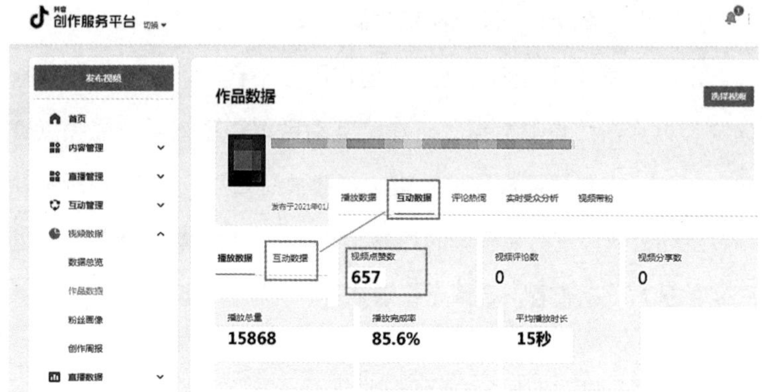

图3-3　某账号后台数据

由此抖音运营者可做出判断，该则短视频的点赞率符合抖音优质视频点赞率判定标准，可以进行DOU+投放。

2.点赞率的投放方法

点赞率是抖音短视频上热门的决定因素之一，而DOU+作为帮助短视频上热门的工具，抖音运营者是能够直接对短视频的点赞率进行投放的。

另外需要抖音运营者注意的是，抖音平台将“点赞量”和“评论量”划分在同一个版块，所以DOU+也是将这二者作为同一个指标进行投放的。

短视频投放DOU+有两种投放渠道可以选择，分别是速推版和定向版。部分抖音运营者对这两者的区别不是很明确，后面的内容会着重对此进行介绍，这里主要介绍投放方法。

（1）速推版的投放方法

速推版的投放步骤比较简单，点击进入“DOU+上热门”界面后，选择“速推版”，在“你希望提升哪一项？”里选择“点赞评论量”即可，如图3-4所示。

图3-4　速推版“点赞评论量”的投放方法

（2）定向版的投放方法

定向版有三种推荐模式，这三种推荐模式都是可以选择“点赞评论量”进行投放的，进入“DOU+上热门”界面，选择“定向版”，在“期望提升”项选择“点赞评论量”即可，如图3-5所示。

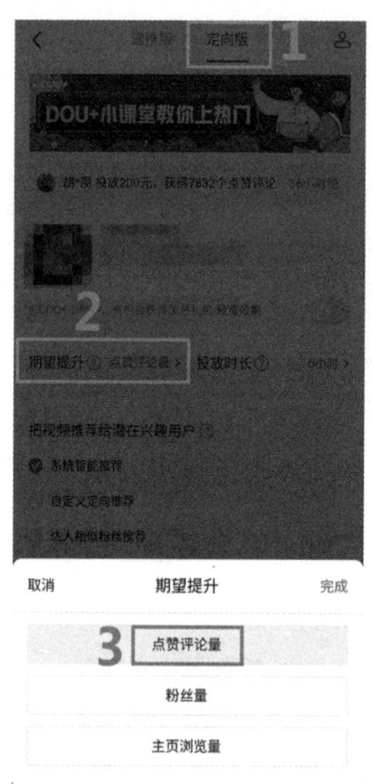

图3-5 定向版“点赞评论量”的投放方法

3.1.3 投放指标3：评论率≥1%

一条短视频发布后，用户的评论可以很大程度上帮助抖音运营者了解用户对短视频的态度和观点，并从这些评论中获取改进建议。

大量经验丰富的抖音运营者认为，当一条短视频的评论区讨论火热时，表明这则短视频具备了“爆”的潜质，离上热门也更近了一步。

通常情况下，一条短视频的评论率接近或超过1%时，平台算法会更多地对该则短视频给予适当的流量倾斜，反之，获得的流量扶持也会相应减少。

简言之，只有短视频的评论率达到或超过1%时，才更适合进行DOU+投放。

评论率的计算公式为：评论率=评论量/视频播放量×100%。

评论率如何查看呢?

由电脑端登录，然后进入“创作服务平台”，展开“视频数据”，再查看“作品数据”，在“互动数据”里查看“视频评论数”，在“播放数据”里查看“播放总量”，如图3-6所示，再结合评论率的计算公式，进行评论率的计算。（注意：此操作需要粉丝超过一定数量才可以查看，否则无权限查看。）

如图3-7所示为某账号后台数据，该则短视频当前的“播放总量”为15868，“视频评论数”为289，所以该则短视频的评论率为：289/15868×100%≈1.8%。

图3-6 视频评论数的查看方法示意

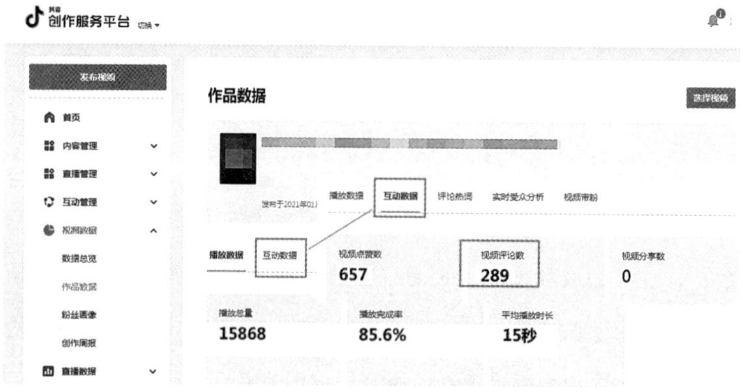

图3-7 某账号后台数据

抖音运营者可以根据数值判断出该则短视频的评论率超过抖音

优质短视频评论率判定标准，可以进行DOU+投放。

由于DOU+投放将“点赞量”和“评论量”设置为同一板块，所以“评论量”的DOU+投放与“点赞量”的DOU+投放方法是一样的，运营者可参考DOU+“点赞量”的投放方法，这里就不再赘述。

3.1.4 投放指标4：转发率≥0.5%

“转发率”是检验短视频内容是否优质的重要指标之一，转发率高说明短视频内容优质，受到用户的喜爱。

另外，转发量越多，无形之中增加了短视频的播放量，随之而来的也就是短视频的热度越来越高，整体排名越来越靠前，登上热门的概率也会大幅提升。

通常情况下，一条短视频的转发率在0.5%或以上为比较优质。也就意味着，如果一则抖音短视频的转发率达到或超过0.5%，平台就会对这一短视频给予更多的自然流量扶持，少于这个数值则没有或者相应的减少。

简言之，短视频的转发率达到或超过0.5%，才更适合进行DOU+投放。

转发率的计算公式为：转发率=转发量（视频分享数）/视频播放量×100%。

转发率的查看方法与点赞率和评论率是类似的。

由电脑端登录，然后进入“创作服务平台”，展开“视频数据”，再查看“作品数据”，在“播放数据”里查看“播放总量”，在“互动数据”里查看“视频分享数”，如图3-8所示，再结合转发率的计算公式，进行转发率的计算。（注意：此操作需要粉丝超过一定数量才可以查看，否则无权限查看。）

图3-8　视频分享数的查看方法示意

比如，图3-9所示为某账号后台数据，该则短视频当前的“播放总量”为15868，“视频分享数”为71，所以该则短视频的转发率为：71/15868×100%≈0.44%。

抖音运营者根据转发率数值可以判断，该则短视频的转发率低于抖音平台优质短视频转发率的判定标准，原则上不建议进行DOU+投放。但抖音运营者应该具体情况具体判断，该则短视频的转发率仅比优质短视频的转发率低0.06%，是否投放DOU+可由运营者自行决定。

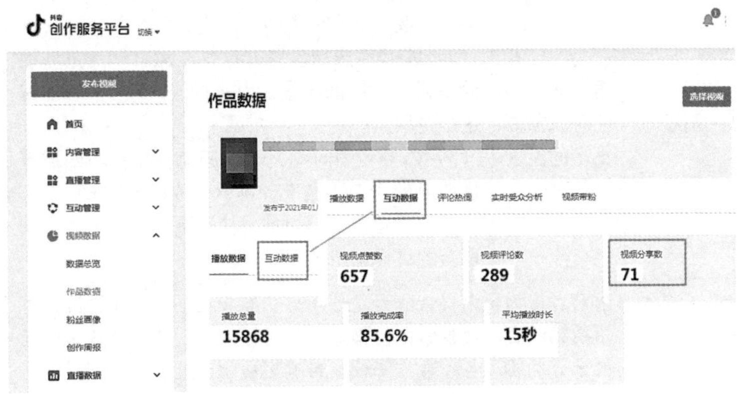

图3-9　某账号后台数据

一条短视频能否上热门，这四个要素是决定因素，相较之下，四者的重要顺序依次为：完播率＞转发率＞评论率＞点赞率。

抖音运营者在操作投放DOU+时不能将这些判定标准视为是否投放DOU+的唯一准则，而是应该根据不同的情况做出不同的判断，结合数据、找准时机进行DOU+投放。

除去这些数据指标，抖音运营者还应该根据短视频以及账号的实际状况来判断该不该投放DOU+，当遇到以下情况时，运营者可考虑投放DOU+，如表3-2所示。

表3-2　投放DOU+的具体情况

三种情况	投放DOU+的需求	具体表现
情况一	短视频不同的阶段需要更多的流量	（1）需要对短视频进行评测，检验短视频的效果，即我们通常所说的“试错”。 （2）账号冷启动阶段，仅仅依靠自然流量获取效果耗费的时间成本太大，投放DOU+可以加速这一过程。 （3）账号转型时期，为了避免系统自动匹配流量造成的受众不精准，可以采取投放DOU+的方式，定向选取目标用户，快速更换账号标签，获取新的目标用户。
情况二	运营者认为短视频的质量十分优质却只能分到很少的平台流量	因抖音账号定位不够精准导致平台判断错误，将短视频内容推送给非目标用户，从而导致短视频各项数据降低，影响短视频进入更大的流量池。此时如果运营者认为短视频十分优质，也可以投放DOU+，精准定向投放给目标用户，对短视频进行二次加热。
情况三	账号初期需要系统对其进行内容定位，为其贴上具体标签	账号在建立初期，各项数据不完善，平台无法通过播放数据等对其进行定位，此时需要大量的流量来测试用户的反应，从而进一步确定目标用户，后期平台也能更加精准地为短视频匹配用户，提高短视频的各项数据，帮助短视频进入更高一级的流量池。

以上是根据多位经验丰富的抖音运营者遇到的实际情况整理而成，是否投放DOU+需要运营者结合实际情况，考虑投入成本再做决定。

3.2 投放时，选择合适的投放方法

抖音运营者需要明确的是，DOU+仅仅只是一款短视频加热工具，它不具备保证短视频一定能够上热门的功能，DOU+投放也并非花钱即可，还需要抖音运营者对DOU+的具体功能以及操作方法进行深入的了解，这样才能保证DOU+的投放更有针对性，效果也会更好。

抖音运营者在进行DOU+投放时，最关心的无非是“怎么投？”“投给谁？”和“投多少？”这三个问题。

“怎么投？”即在对短视频投放DOU+时选择速推版还是定向版来投放，投放定向版又应该选择哪种推荐模式。

“投给谁？”即如何才能将短视频更有针对性地推荐给兴趣用户和潜在粉丝。

“投多少？”即抖音运营者在投放DOU+时，应该投入多少成本，以及采取什么样的投放形式。

3.2.1 怎么投：选择速推版还是定向版

由于不同账号在不同时期的需求不一样，抖音运营者在操作DOU+时有两种投放渠道可以选择，一是速推版，二是定向版。

很多新手运营者表示在操作初期，不知道选择速推版好还是定向版好。其实这都是由于对这二者的了解不够造成的。

速推版是指在时间上快速把短视频推荐给更多的人，时间一般控制在6小时之内。速推版以推荐人数为购买单位，可选择提升“点赞评论量”或“粉丝量”。

定向版相对速推版而言较为复杂，它有三种投放模式，分别是系统智能推荐、自定义定向推荐和达人相似粉丝推荐，不同的投放模式取得的效果也是不相同的。

速推版和定向版本质上没有好坏之分，运营者需根据自身的运营情况选择合适的投放渠道，以下将对二者的区别进行详细说明，便于运营者在操作时进行选择。DOU+投放速推版和定向版的区别，如表3-3所示。

表3-3 DOU+投放速推版和定向版的区别

不同之处	速推版	定向版
投放目的不同	更大程度地提高流量和曝光	更精准地向潜在用户推送
推荐范围不同	推荐范围更广	推荐范围相对更窄，但是更为精准，主要针对兴趣用户和潜在粉丝进行推荐

续表

不同之处	速推版	定向版
推荐形式不同	将短视频推荐到指定人数	将短视频推荐到指定人群
投放时长不同	无法自定义，投放时长为6~24小时，由平台根据投放金额自行调整	为2小时、6小时、12小时或24小时，运营者可自定义选择投放时长
投放成本不同	相对来说更为便宜	相对而言价格更贵
期望提升不同	点赞评论量、粉丝量	点赞评论量、粉丝量和主页浏览量

总的说来，DOU+投放速推版比定向版操作更为简单，能够很好地提升播放量和展现量，而定向版比速推版投放更为精准。二者各有千秋，运营者在投放时可自行选择投放渠道。

但投放DOU+的核心目的并非只是为了更高的播放量和展现量，而是要尽量保证看到视频的用户都是目标用户或潜在粉丝。只有这样，DOU+投放才能有意义，才能实现效果最大化。

如果要将短视频更加精准地投放给目标用户，建议使用DOU+定向版投放中的自定义定向推荐和达人相似粉丝推荐，具体原因有以下三点。

1. 投放更精准

自定义定向推荐和达人相似粉丝推荐都能自行选定投放人群，抖音运营者选用这两种模式进行DOU+投放可以让短视频的推荐人群更有针对性。

大数据时代，我们平时使用手机浏览信息时都会被收集浏览习惯和偏好，而大数据会根据我们的浏览习惯和偏好对我们进行推送。

抖音平台也是如此，比如某用户平时观看汽车类短视频较多，系统会记录下该用户的偏好，并判定该用户为汽车类短视频的兴趣用户。

此时如果有商家使用自定义定向推荐，并选定兴趣标签为“汽车”，该用户就会被划定到推送范围中，当商家的DOU+投放审核通过，短视频就会被系统推送给该用户。

达人相似粉丝推荐同理，系统已经提前为运营者进行了用户筛选，选定了兴趣用户和潜在粉丝，从而让投放更加精准。

2.投放更可控

可控主要针对的是投放过程，很多新手运营者在刚开始操作投放DOU+时，可能会产生一部分试错成本，使用DOU+定向版可以有效减少这部分成本。

无论是自定义定向推荐还是达人相似粉丝推荐都是自行选择投放人群，都能极大程度地避免投放人群与目标人群不一致所造成的不必要的金钱损失。

同时，投放时间也是可控的，运营者在投放DOU+时可以实时关注投放效果，若效果不理想，可暂停投放，进行相应的调整后再继续投放。

3.投放更高效

高效是指投放的结果，运营者投放DOU+的终极目的就是为了更多地吸引目标用户，以达到更高的转化率。

而使用DOU+定向版时，短视频更多地被推送给兴趣用户，一方面，可以有效提高短视频的各项数据，帮助短视频进入下一个更大的流量池，获得更好的效果；另一方面，兴趣用户相较非兴趣用户而言，可以为商家带来更高的转化。

简言之，使用DOU+定向版可以将短视频更多地推荐给兴趣用户和潜在粉丝，整体的投入产出比更高，抖音运营者能获得更多的收益。

但是并不是所有的短视频都适合使用DOU+定向版，账号类型和所处的阶段不同以及短视频的内容和针对的人群不同，应该选用的投放方式也会不同。运营者面对具体情况应该具体分析，不能一概而论。

3.2.2 投给谁：如何投给目标用户

如何将DOU+更为精准地投放给目标用户，是很多抖音运营者都非常想要掌握的内容。只有将DOU+尽可能多地投放给目标用户，DOU+投放的效果才会更好。

挖掘用户需求，准确判断用户偏好，为用户匹配推荐其感兴趣的内容，进而提升用户留存率，这也是抖音平台的目标，因此平台也会花费大量精力准确识别用户和内容。

那么，抖音运营者如何巧妙地借助平台的算法，有效筛选目标用户呢？

1.打标

所谓“打标”，其实就是自定义标签，通过限定用户范围，使投放更加精准。

抖音运营者在投放DOU+时，可以选择定向版的自定义定向推荐模式，为用户的性别、年龄、地域以及兴趣标签打标，使投放更加精准。

抖音运营者应当利用好这些标签，尤其是兴趣标签，当前自定义定向投放的兴趣标签选项内，共有17个兴趣标签可以选择，并且支持多选，使用兴趣标签可以提高DOU+投放的精度。

比如抖音账号“猴哥说车”，作为一个汽车解说类的账号，在投放DOU+时，可以使用自定义定向投放将投放用户限定为24~40岁的男性，并且选择兴趣标签为“汽车”。这样一来投放了DOU+的短视频面对的用户大多都是兴趣用户，投放更加精准。

也就是说，抖音运营者在投放DOU+时要学会正确“打标”，让DOU+投放更有效。

2.借力

这里所说的“借力”主要指的是借达人账号的“力”，在投放DOU+时选择定向版达人相似粉丝推荐模式，将短视频内容直接推荐给同类型达人账号的粉丝。

达人账号经过一段时间的沉淀，粉丝画像更加聚焦，使用这种推荐模式投放DOU+，面对的都是兴趣用户和潜在粉丝，因此DOU+的投放是十分精准的。

使用这种推荐方式，最重要的是达人账号的选择，匹配的达人账号优质则投放有效，若匹配达人账号时失误则投放的效果也会大打折扣。

在选择达人时应注意以下两点。

（1）选择活跃度高的达人账号

初步筛选出符合要求的同类型达人账号后，还应注意检验达人账号的活跃度，进入账号主页，查看账号近期更新的短视频数据，包括点赞量、评论量、转发量等，进行比较之后选择活跃度比较高且内容比较优质的达人账号。

（2）选择粉丝数量适中的达人账号

前文有提到，抖音平台上的头部账号、超头部账号虽然粉丝数量特别多，但正是因为粉丝数量多，所以粉丝特征极其分散，不适合选择这些账号进行达人相似粉丝推荐。粉丝数量少的账号也不用过多地进行解释。

所以抖音运营者要想借达人账号的“力”，一定要选择粉丝数量适中的达人账号，避免因为粉丝基数过少或者粉丝特征不集中，影响最终的投放效果。

要想使DOU+的投放更加精准，抖音运营者在投放DOU+时选择合适的投放模式非常重要，并且在投放时可以结合使用一些投放技巧。

3.2.3 投多少：怎么投性价比最高

进行DOU+投放需要支付一定数额的“DOU+币”，DOU+币和人民币的比例是1∶1，也就是说一元人民币可以购买一个DOU+币，以下表达均直接以人民币为单位。

由于抖音DOU+的投放有速推版和定向版两种形式，这两种形式的投放金额也有一定的区别，以下将分别介绍DOU+速推版和定向版的投放金额。

1.速推版投放金额

速推版投放金额有固定金额和自定义金额两种投放形式。

（1）固定金额投放

DOU+速推版的固定投放金额为100元（新用户可享一定的优惠），如图3-10所示。

速推版是以能够推荐给多少个人为基准的，无论是期望提升“点赞评论量”还是“粉丝量”，花费100元可以获得约5000人次的推荐量。

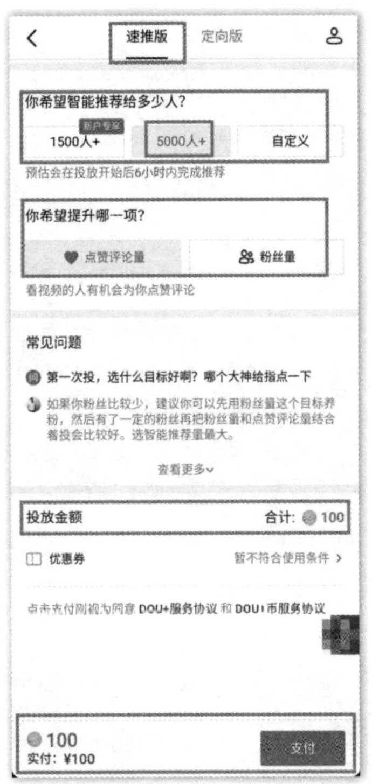

图3-10　DOU+速推版固定金额投放

（2）自定义金额投放

自定义金额是在固定金额投放无法满足需求的情况下使用，且DOU+速推版的自定义投放金额并不是直接选择投放金额，而是随着投放人数的改变而改变，平台要求自定义人数在2500~10000000之间，且为1000的倍数，如图3-11所示。

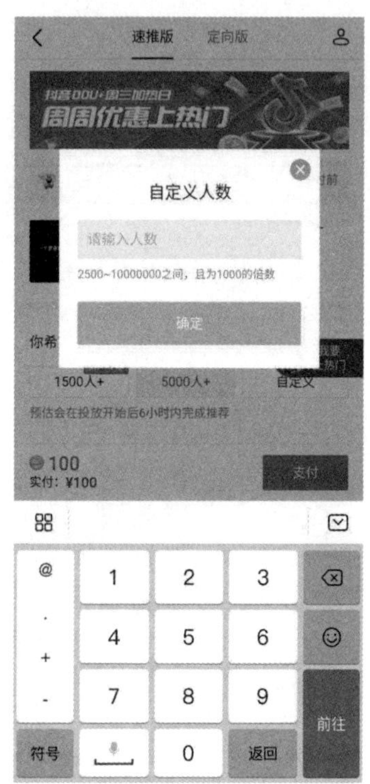

图3-11 DOU+速推版自定义金额投放

按照平台给出的指定范围，可以得出，DOU+速推版的自定义投放金额最低为60元，可以购买约3000人次的推荐量；最高为20万元，可以购买约1000万人次的推荐量。

2.定向版投放金额

同速推版一样，定向版也有固定金额和自定义金额两种投放形式。

（1）固定金额投放

不同于速推版，DOU+定向版的固定投放金额有四种固定金额，分别是100元、200元、500元、1000元（新用户可享一定的优惠），如图3-12所示。

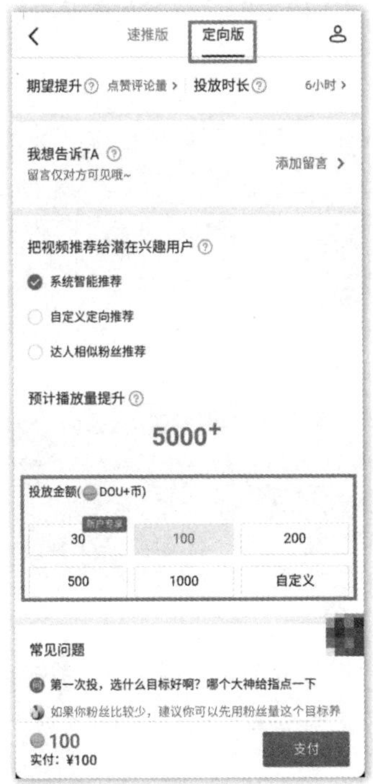

图3-12　DOU+定向版固定金额投放

DOU+定向版是以播放量为投放基数的，花费100元大约可以提升5000次播放量，以此类推。

需要注意的是，DOU+定向版，无论是系统智能推荐、自定义定向推荐还是达人相似粉丝推荐，以及无论期望提升“点赞评论量”“粉丝量”抑或是“主页浏览量”，投放金额都是一样的。

（2）自定义金额投放

与速推版不同，定向版的自定义金额是可以直接选择金额的，如图3-13所示。

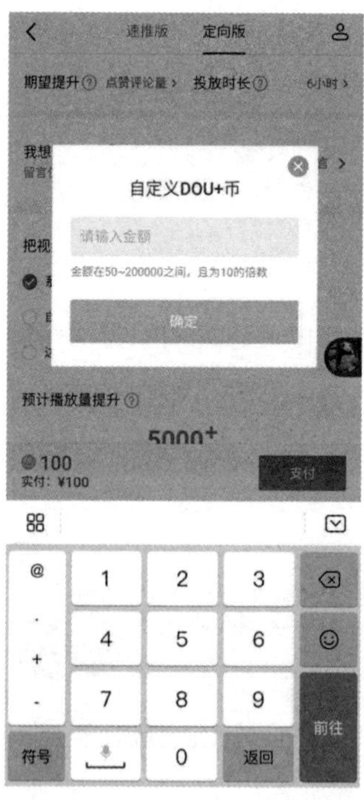

图3-13　DOU+定向版自定义金额投放

平台限定的金额范围为50元~20万元，且为10的倍数，可以得出，DOU+定向版的投放金额最低为50元，可以购买约2500次的播放量；最高投放金额为20万元，可以购买约1000万次的播放量。

综合上述，表3-4所示为DOU+投放的具体金额。

表3-4　DOU+投放的具体金额

投放方式 / 投放金额	速推版（元）	定向版（元）
固定金额	100	100/200/500/1000
自定义金额	60~20万	50～20万

其中，速推版以推荐人数为购买单位，每花费100元可向约5000人次进行推荐；定向版以播放量为购买单位，每花费100元可购买约5000次播放量。

DOU+投放金额并不是越多越好，抖音运营者在进行DOU+投放时可以根据自身需求和实际运营情况进行选择，对于新手运营者，建议少量多次进行投放。

3.3 投放后，根据投放数据进行复盘

DOU+投放成功并不意味着DOU+投放的结束，运营者还需要对投放时的具体数据进行复盘调整，一来是检验投放的效果，二来可以总结经验。

抖音运营者要根据哪些数据指标进行复盘，又该如何判断DOU+投放是否有效呢?

要对DOU+投放后的数据进行复盘，不妨先了解一下抖音的推荐机制，如图3-14为抖音平台的推荐机制。

每一条短视频自上线起，在抖音平台都要经历“评分－排序－放量”的过程，由图3-14可以看出，一条短视频发布到抖音平台要经过八次曝光，大致可以分为三个阶段。

第一阶段是1~3轮曝光，视频首先进入冷启动流量池曝光，平台会分配300次左右的播放量，然后算法再进行数据分析，评估视频的完播率、点赞量、评论量、转发量等数据，从中筛选出各项指

标超过10%的短视频，进入下个流量池的分配。

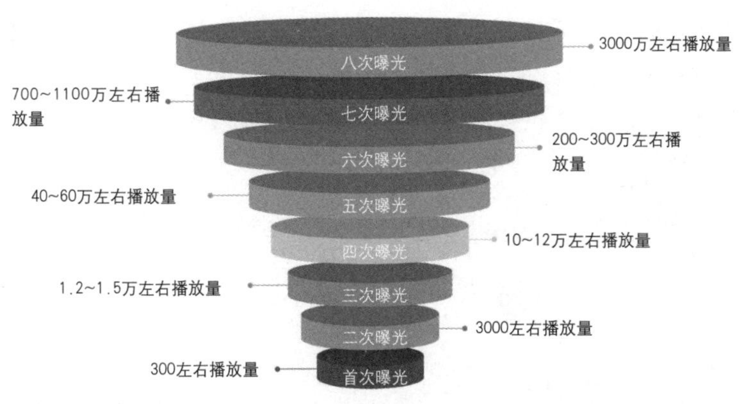

图3-14　抖音的推荐机制（流量池模型）

第二阶段是4~5轮曝光，在短视频进入到该阶段流量池后，经过算法一系列的推算，进一步筛选出各项指标极高的短视频，进入到第三阶段，也就是“精品流量池”，这一过程涉及人工审核。

第三阶段是6~8轮曝光，此时的短视频已经进入热门推送阶段，运营者需要采取一定的措施，让短视频在这个阶段维持得更久一些。

在了解了抖音的推荐机制后，就要根据推荐机制来判断DOU+投放的具体效果，进行数据监测，并且及时做出调整。

DOU+投放后的复盘具体可以从播放数据、互动数据、粉丝画像和内容分析这四个方面来进行。

3.3.1 播放数据

我们可以通过抖音官网的创作服务平台查看播放数据，时间维度可以选择7天或15天（注意：此操作需要粉丝超过一定数量才可以查看，否则无权限查看），如图3-15所示。

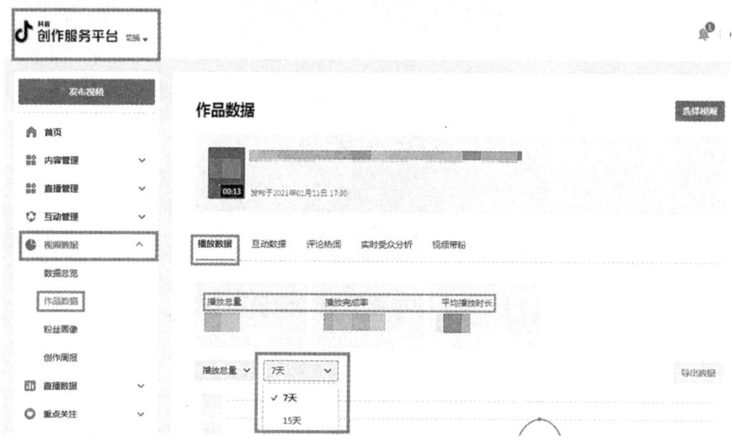

图3-15 通过创作服务平台查看播放数据

播放数据主要由三项指标构成，分别是播放总量、播放完成率（完播率）及平均播放时长。

播放总量无疑是越多越好，一定时间范围内，播放量越多表明流量和曝光越多，也意味着短视频被更多的用户看到过。

播放完成率，也就是完播率，在前面已经详细介绍过，完播率越高对短视频进一步的发展越有利，同样地，平均播放时长也是越多越好。

举个例子，结合抖音推荐机制，忽略其他数据，单以短视频的完播率为判定标准，如图3-16所示。

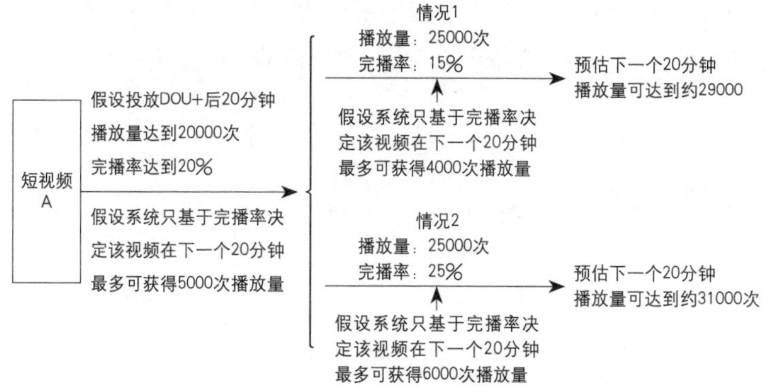

图3-16　只基于完播率为判定标准的抖音推荐机制举例

由图3-16可知，短视频A在投放DOU+20分钟后，播放量达到20000次，完播率达到20%，系统通过这一阶段的数据分析，为其下一个阶段分配了5000次播放量。

当短视频进入下一阶段后，新获得了5000次的播放量，系统也会重新对这一阶段短视频的数据进行分析，如果短视频的完播率下降，则下一阶段获得的播放量就会相应减少；如果短视频的完播率上升，则下一阶段获得的播放量会增加。

当然，这个例子仅仅只考虑了完播率这一项数据，短视频能否被推荐还涉及其他各项数据，系统会对各项数据进行综合考量之后进行流量的配比。

3.3.2 互动数据

互动数据包括点赞量、评论量、转发量等，同样的，我们可以在创作服务平台查看这些数据（注意：此操作需要粉丝超过一定数量才可以查看，否则无权限查看），如图3-17所示。

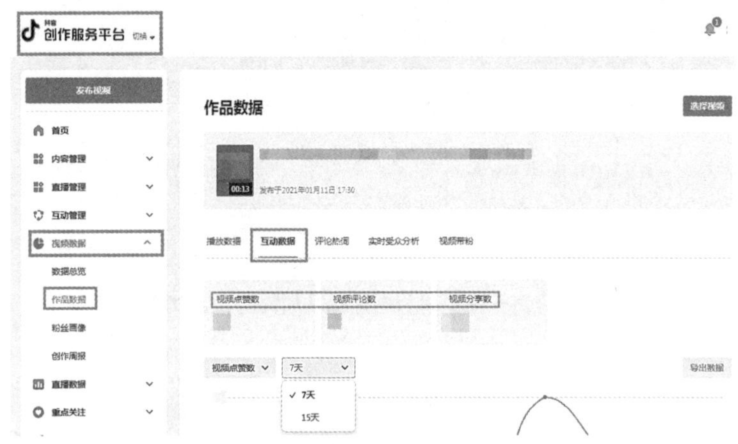

图3-17 通过创作服务平台查看互动数据

视频点赞数反映了用户对短视频的喜爱程度，点赞数量越高表明用户对短视频的喜爱度和认可度越高。

视频评论数可以帮助运营者快速了解和分析用户的观看态度，从而了解用户的需求，听取建议，及时进行内容调整。

视频分享数越高表明短视频的质量越高，只有优质的短视频，用户才会自发地保存或者转发。

根据抖音平台的推荐规则，这三者的重要顺序依次为：短视频分享数＞短视频评论数＞短视频点赞数。

换言之，系统在对互动数据进行判定时，会优先考虑视频分享数，其次是视频评论数，再次是视频点赞数。在播放量一定的情况下，短视频的转发分享数量越多，进到下一个流量池后被分配的流量也越多。

所以，运营者在查看DOU+投放后的互动数据时，要优先考虑视频分享数。另外，前面部分对如何提高短视频的转发分享数、点赞数以及评论数已经有所介绍，运营者在实际运营时可以借鉴这些方法技巧，帮助短视频在当前阶段具备强大的竞争力，也为短视频进入下一阶段做准备。

3.3.3 粉丝画像

不少抖音运营者在投放DOU+之后，经常会产生一些疑惑。

为什么别人发布一两条视频获取的粉丝比自己发布十几条视频获得的粉丝数量还要多？

为什么自己每天更新短视频，但是粉丝数量依然少于那些两天甚至几天才更新一条短视频的账号？

为什么别人投放DOU+，钱少效果好，而自己投入了大量的成本，却依然没什么效果？

其实之所以会产生这些问题，都是因为抖音运营者对自己的粉丝用户不够了解，尤其是在投放DOU+时，不知道该如何确定自己的目标用户。

如何用更少的投入换回更大的利益，了解粉丝画像是极为关键的。

我们在了解自己账号的粉丝画像前，首先要了解抖音平台的用户画像。以下是根据《2020年抖音用户画像报告》整理的用户特征，如表3-5所示。

表3-5 2020年抖音用户画像

用户特征	具体表现
偏向年轻化	19~35 岁年龄段的用户是抖音平台的主体用户
性别趋于平衡	男性用户占比为52%，女性用户占比为48%
集中在东部沿海地区	就省份而言，广东省的抖音用户数量最多；细分到城市，重庆、成都、北京、上海、广州的抖音用户较多
用户多样性需求增强	随着抖音内容的多样化，用户观看短视频的需求也逐步由以休闲为主向寻求更多信息和获取知识转变

了解抖音平台的整体用户特征便于抖音运营者找准定位，在发布内容时投其所好。在短视频发布上线并且进行DOU+投放之后，运营者可以通过抖音后台“创作服务平台”—“视频数据”—“粉丝画像”来判断目标用户定位是否准确（注意：此操作需要粉丝超过一定数量才可以查看，否则无权限查看），如图3-18所示。

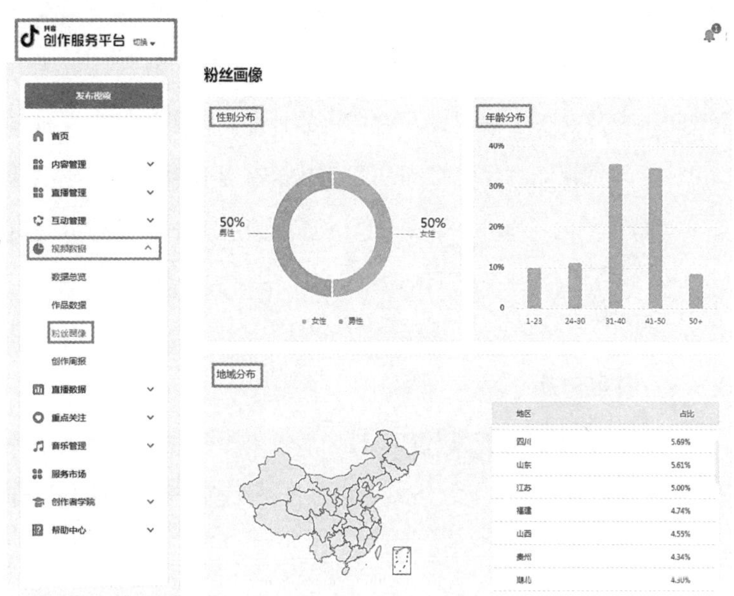

图3-18　通过创作服务平台查看粉丝画像

由图3-18可知，我们可以查看到粉丝的性别、年龄以及地域分布等常用信息，另外包括设备分布、粉丝兴趣分布、粉丝关注热词、新增粉丝关注热词以及活跃分布等信息也可以通过粉丝画像进行查看。

如果运营者发现粉丝画像出现异常或者不符合自己的目标定位，则应当及时暂停DOU+投放，采取相应的调整措施后再次投放。

如果目标用户定位准确，运营者可以考虑加大DOU+投入，并且结合其他数据进行分析，在数据分析的基础上继续寻找短视频内容优化的可能性。

无论是播放数据、互动数据还是粉丝数据，从这些方面判断DOU+投放是否有效时都没有特定的标准，如果运营者在投放DOU+后，短视频的播放数据和互动数据有显著提升，粉丝画像基本都是账号的目标用户群，则可以大致判定DOU+的投放是有成效的。

3.3.4 内容分析

一部分抖音运营者投放DOU+之后效果不明显，结合上述说法，对短视频的播放数据、互动数据以及粉丝画像进行复盘后，却找不到原因。

实际上，在对数据进行复盘的同时还应对内容进行分析复盘，两者结合才能更好地检验投放的成果，为后期运营积累经验。

内容分析可以从以下两个大的方面进行。

1.短视频内容是否原创

抖音是一个强调原创的短视频平台，非原创的短视频几乎是无法进行发布的，但有时也会出现一些“漏网之鱼”，可能系统没有监测到，或者由于人为对短视频内容进行了部分剪辑，系统无法判定。

但是抖音系统审核以及DOU+审核并非只是在短视频发布时进行，短视频上线后期，系统也会不定时对短视频内容进行监测，或者受理他人举报，鉴定短视频抄袭。当系统发现短视频非原创之后，便会对短视频进行限流处理，投放DOU+也只是徒劳。

所以抖音运营者必须强化原创意识，在准备投放DOU+时一定要检查短视频是否存在抄袭，不可抱有侥幸心理，不然DOU+投了也白投。

关于短视频原创的内容下文会进行详细说明，这里只是针对DOU+投放之后进行内容复盘做简单分析。

2.短视频内容是否优质

短视频的内容涉及多方面，总的说来，抖音运营者可以从以下三个方面着手进行分析复盘。

（1）内容是否符合大众偏好

上传到抖音平台的内容除了要符合社会主义核心价值观和抖音平台的内容规范，还有一点是要符合大众偏好。

因为短视频是展示给用户观看的，而投放DOU+的目的也是为了展示给更多的用户观看，所以短视频内容是否符合大众偏好就显得格外重要了。很多抖音运营者在创作短视频时对内容进行了精心的筹划，不仅花了很多心思拍摄、剪辑，还花费了大量金额投放DOU+，但是最终的效果并不理想。

很重要的一个原因是这部分抖音运营者忽视了大众偏好，也就是没有进行足够的用户调查，创作出自认为优质的内容，但实际上并不符合大部分用户的喜好。

也就是说，抖音运营者在创作短视频内容时，首先要考虑的是大众偏好，只有创作出受到大众喜爱的短视频内容，DOU+的投放才能更有效果。

（2）情节是否连贯

关于情节是否连贯，涉及策划和剪辑两个方面。

一方面，内容策划除了要把握整体内容的完整性，还应讲究内容的连贯性，即前后内容衔接是否自然，不可转换得过于生硬，这样会造成整体内容十分突兀，非常影响用户的观感体验。

抖音运营者在进行内容策划时要注重情节的连贯性，尤其是现在用户对短视频的要求越来越高，很多短视频内容都是分多个镜头拍摄的，在拍摄时应注意前后内容的连贯，避免内容缺失或者叠加。

另一方面，剪辑技术是否到位也是影响情节连贯的一个重要因素，当前的短视频很多都是分镜头完成的，剪辑技术的好坏直接影响到短视频最终的呈现效果。

（3）画面是否清晰

很多运营者在投放DOU+之后，效果非常一般，但从内容方面来讲，内容非常完整，前后衔接也十分自然，而且内容也比较符合大众审美，但是效果依然很差。

究其原因，最后发现是因为短视频的呈现画面十分模糊。我们一直强调当前抖音用户对短视频的质量要求越来越高，随手一拍的短视频发布到抖音平台几乎得不到平台的推荐，就算强行投放DOU+，也得不到良好的反馈。

为了使DOU+的投放更有效果，运营者除了要在内容策划上下功夫外，还应注重精进短视频拍摄技术，使最终呈现的短视频画质清晰，这样才能够给用户带来较好的观感，也更容易得到用户的喜爱和良好的反馈。

3.4 投放故障：DOU+为何无法投放

有一些刚刚开始投放DOU+的运营者，在给短视频投放DOU+时经常会出现审核不通过的情况，如图3-19所示。

图3-19 DOU+无法投放示意图

从内容创作到拍摄、剪辑、配音再到发布，创作者花费大量心思精心制作的短视频，本来满怀热情，以为通过投放DOU+能够登上热门，结果DOU+审核不通过，根本无法投放。很多运营者面对这种情况都束手无策，表示非常无奈。

为什么会出现短视频无法投放DOU+的情况？出现这种情况后应该做何调整？这些都是抖音运营者必须要了解的内容。

3.4.1 DOU+无法投放的原因有哪些

抖音DOU+审核不通过、无法投放的原因，主要有两个方面。一是账号的原因，二是视频的原因。

1.账号原因

账号原因很好理解，抖音平台的算法会根据账号平时的表现，结合抖音平台的各种规范制度对账号进行判定，如果发现账号多次出现违反平台规范的行为，就会采取相应的措施，对其进行限流或者更严重的进行封号处理。

当账号被平台限流或者遇到其他情况时，DOU+是无法进行投放的，这时运营者要针对不同的情况采取不同的应对措施。

2.视频原因

还有一种更为常见的原因是视频本身的原因，如图3-20所示。具体说来有以下六种原因。

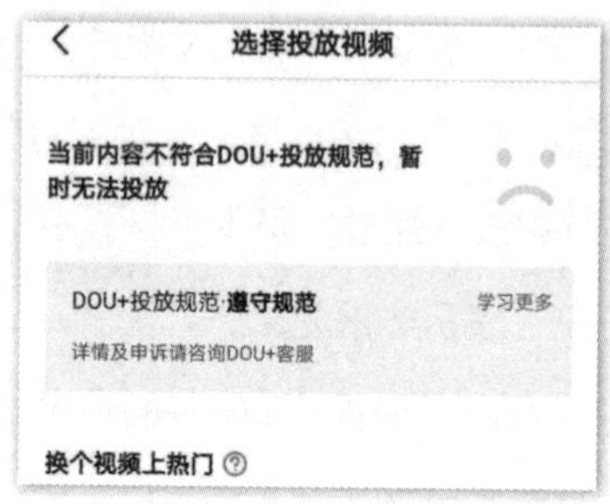

图3-20　因内容不符合规范无法投放DOU+示意图

（1）直接搬运站内外视频

抖音一直是一个强调内容原创的平台，对原创短视频会给予一定的流量扶持。平台对视频是否原创的把控是非常严格的，具体有以下五种细分情况。

①视频中的抖音号与上传者的抖音号不一致。

②明显截取站内或站外视频内容且不加任何修改。

③账号状态标签被平台认定为搬运号。

④录屏视频。

⑤视频中出现其他平台的水印或Logo。

（2）视频内容质量差

当前DOU+的审核比抖音平台的审核更为严格，所以一些质量比较低的短视频是无法投放DOU+的，具体有以下四种细分情况。

①视频无内容或内容杂乱，没有重点。

②画质模糊、整体画面过于奇怪，不符合常理。

③观看后让人感到极其不舒适。

④视频时长7秒及7秒以下。

（3）硬性广告营销视频

虽然抖音平台大力支持营销，很多个人和品牌也在抖音平台上得到了极大的发展，但是抖音平台的审核以及DOU+的审核对硬性营销都是不允许的，具体有以下五种情况。

①视频字幕或口播中含有明显的品牌词字幕、水印等信息。

②视频背景包含明显的品牌词或其他商业元素。

③视频长时间主体展示某商品。

④出现联系方式，如电话、微信号、二维码、地址等信息。

⑤视频内容包含商品价格、促销活动、优惠券红包以及打折等诱导用户购买的内容。

（4）侵犯他人权益

不仅是抖音平台，当前我们国家对知识产权的把控也是非常严格的，所以抖音平台的视频是不能出现侵犯他人权益的内容的，主要有以下四种情况。

①视频中出现的名人、明星等未经过授权。

②未经授权的影视剧截取视频或其他短视频平台的截取视频。

③未经授权的直播间截取视频。

④其他未经授权的视频内容。

（5）出现违法或低俗内容

抖音平台严禁短视频中出现违法行为或存在一些低俗粗鄙的内容，若出现以下五种情况都无法上传至平台或进行DOU+投放。

①视频销售违法商品或出现一些违反法律的行为，如虐待动物、赌博等。

②视频中出镜人员穿着暴露。

③使用低俗、具有暗示性的文字语句。

④视频包含一些地区陋习、不正当内容。

⑤视频或文案存在欺诈或诱骗用户的行为。

（6）三观导向错误

抖音平台强调，发布的短视频不能出现投机取巧、三观不正的内容，如脏话、抽烟、酗酒、家暴、炫富、故意违反社会规范以及其他一些三观导向错误的内容。

除上述几点以外，抖音平台有其完备的内容规范条例，短视频相关内容不符合抖音站内内容规范条例也无法投放DOU+。内容规范条例也叫“社区自律公约”，手机端查看方法如图3-21所示。

进入抖音后打开右下角“我”选项，点击右上角“≡”符号，点击进入“设置”即可查看。

电脑端“内容规范”的查看方法如图3-22所示。电脑端登录账号后进入创作服务平台（https://creator.douyin.com/），点击展开“帮助中心”即可看到“内容规范”。

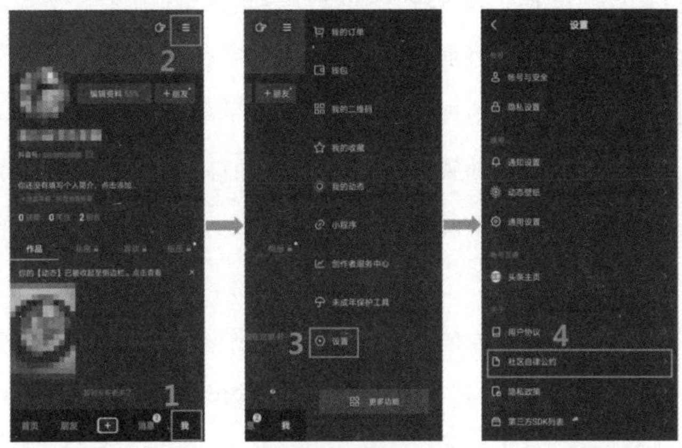

图3-21　抖音社区自律公约查看方法（手机端）

图3-22　抖音内容规范查看方法（电脑端）

3.4.2 针对原因，及时采取应对措施

那么抖音运营者在面对短视频无法进行DOU+投放时，应该如何调整呢？由于不同短视频存在的问题不尽相同，这里只针对几种常见的原因介绍相应的解决办法，涉及到的其他原因，运营者可结合自身的具体情况做出调整。

1.非原创视频

抖音是一个提倡原创的平台，内容创作者以及运营者都应秉承这一观念，坚持原创而非直接盗取他人视频内容。

若需要用到他人视频中的部分素材，请向当事人取得相关准许使用证明并提交至feedback@douyin.com，待审核通过后即可使用。

2.侵犯他人权益

网络时代，信息的传递非常方便迅速，尤其是抖音作为一个人人都能参与的平台，创作内容时会涉及很多个人权益。

在抖音平台上，创作者和运营者都应注意不要侵犯他人的合法权益，包括肖像权、商标权、著作权等。

若视频中需要用到的内容可能涉及侵犯他人的权益，可以适当进行马赛克处理，或者向当事人取得授权证明并提交至feedback@douyin.com，审核通过后即可使用。

3.违法或低俗内容

网络并非法外之地，作为内容的创作者和传递者，我们应该更加注重短视频的规范，不能涉及违法或低俗的内容，以免对他

人尤其是未成年人造成身心损害。

对于这类视频，建议直接进行删除处理。

4.绑定的商品违规

抖音平台准许账号绑定淘宝店铺，这就要求淘宝商家在利用抖音平台进行营销时应该注意不要售卖违规产品，所有在抖音平台的链接以及其他展示内容必须是合法合规的。

如果出现此类情况，请仔细检查绑定商品是否违规或者链接是否正确，并进行相应的修改。

5.不合法营销

抖音平台营销日渐狂热，但是平台包括DOU+对整体营销内容的把控依然是非常严格的，不允许出现不合法的营销内容。

针对这类短视频，运营者应注意核查短视频是否包含站外的其他联系方式或一些诱导用户的信息。

另外，抖音运营者不必过于担心，如果短视频DOU+审核不通过，并且在48小时内仍然无法投放的话，前期支付的金额会原路退回到账户中，运营者可在DOU+订单管理中查看，如图3-23所示。

DOU+的审核相比抖音平台的审核更为严苛，这就要求抖音运营者在选择投放DOU+的短视频时要更加仔细，除了重视内容是否优质外，更应该注重最基本的投放规范准则。

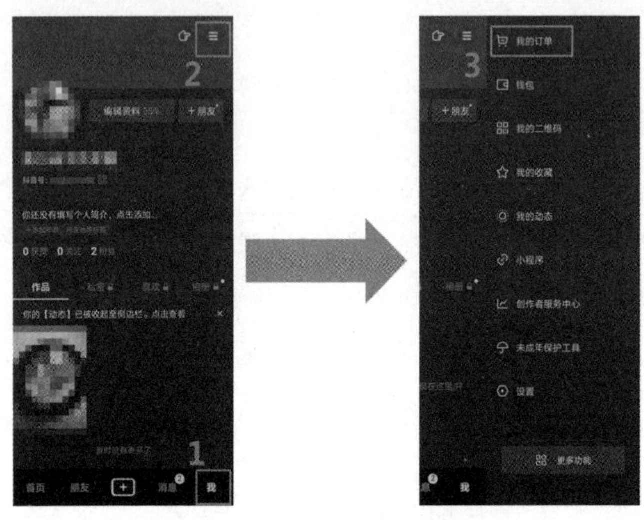

图3-23　DOU+订单管理查看方法

此外，由于当前抖音平台的竞争非常激烈，不排除一些恶意竞争的状况。如果遭遇他人的恶意举报，可以依照平台相关准则进行申诉。运营者申诉时需准备好剪辑短视频时的原素材，在抖音App端后台点击“我”—“≡”—“设置”—“反馈与帮助”，点击“意见反馈”或者“在线咨询”即可。

另外还可以点击“问题分类”，有针对性地进行相关问题的查看并找到解决办法，若确实存在相关违规情况可适当修改或删除短视频，若经反复确认并未违反规则可向抖音平台进行申诉。

第 4 章
直播DOU+投放策略

随着社会以及互联网技术的发展，抖音呈现的玩法也变得越来越多样，抖音直播日渐火爆，直播DOU+随之而来。如何利用直播DOU+让直播间脱颖而出是本章的主要内容，本章将对直播DOU+投放的步骤、技巧以及投放时可能会遇到的问题等方面进行详细说明。

4.1 五步完成直播DOU+投放

很多新进入抖音直播领域的抖音运营者都面临着一个共同问题，也是做抖音直播最棘手的一个问题。

做抖音直播，没有观众怎么办？

大多数人做抖音直播都是看中了抖音直播间的人气，想要通过抖音直播间来销售商品，赚取收益。如果做抖音直播没有观众，对抖音运营者来说是一个十分棘手的问题，不仅精心准备的内容无人问津，而且可能会导致商品积压，造成经济损失。那么针对这个问题我们应该如何解决？

直播DOU+是一款非常好的工具。它主要针对直播间进行加热，帮助优化直播间，目的在于在直播期间为直播间带来更多优质的观众，进而提高直播间转化率。

那么，直播DOU+该如何投放？以下将对直播DOU+的投放入口、投放要素、投放人群、投放方式以及投放金额这五个方面做出详细说明。

4.1.1 找准投放入口

目前抖音平台全部的直播都有投放直播DOU+的权限，运营者无需担心投放权限的问题。

投放直播DOU+首先要找准投放入口。

直播DOU+的投放入口相比短视频DOU+的投放入口有所区别，直播DOU+的投放入口有两个，运营者可以选择在直播前投放，也可以选择在直播时投放。

1.直播前投放入口

顾名思义，开播前投放即在直播开始之前进行DOU+投放，点击抖音主界面下方中间的“+”号，再点击下方“开直播”进入“开启视频直播”界面，即可看到“DOU+上热门”的标志，点击“DOU+上热门”即可进行直播DOU+的投放，如图4-1所示。

为了吸引更多的用户观看直播间，很多抖音运营者会在直播开始前发布直播预热短视频，这也是直播开始前投放DOU+的最大作用。

另外，直播开始前和直播开始后“设置”的具体功能也所有区别，直播开始前的“设置”功能如图4-2所示。

图4-1　直播前投放DOU+操作示意

由图4-2可以看出，直播开始前可以对直播间进行相关的介绍，在评论区向刚入场的观众介绍直播间的特色与内容，也能预告直播时间，并选择展示位置。

这样做一方面是为直播吸引更多的流量和用户，另一方面，也有利于进一步发挥直播DOU+的投放效果。

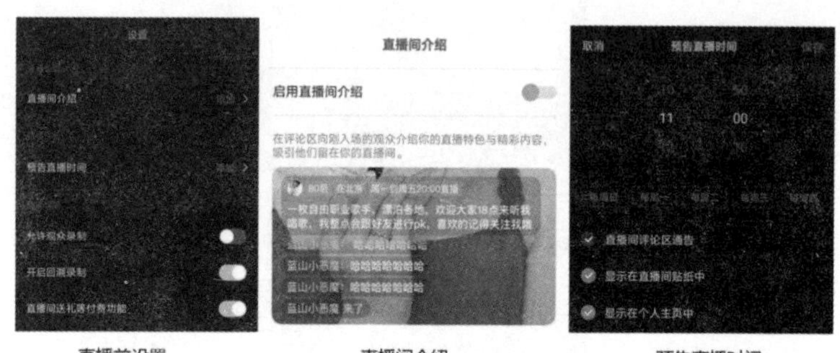

直播前设置　　直播间介绍　　预告直播时间

图4-2　直播前的设置功能

2.直播时投放入口

直播开始之后，运营者可以点击界面右下角的“…”，然后在弹出来的界面中点击“DOU+上热门”即可，如图4-3所示。

图4-3　直播时投放DOU+操作示意

直播开始后投放DOU+更多的是选择直接加热直播间这种形式，将推荐流直接同步直播间画面，强势为直播间引流。

前文有提到直播开始前后的“设置”功能有所不同，图4-4所示为直播开始后的“设置”页面。

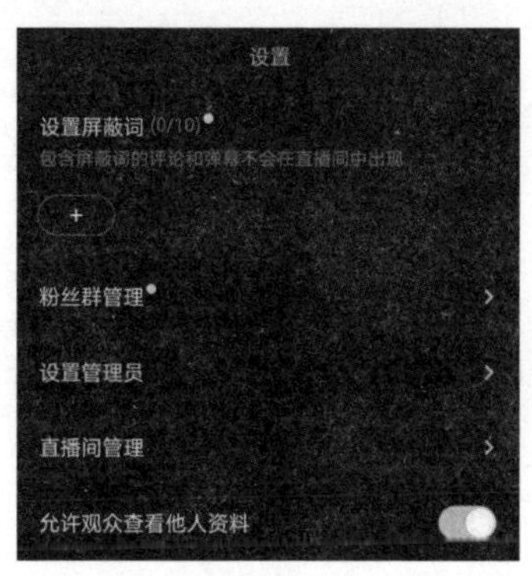

图4-4　直播开始后的“设置”界面

由图4-4可知，直播开始后运营者可以设置相关的屏蔽词，提前对一些攻击性语言或不符合抖音平台规范的言论进行屏蔽，营造良好的直播环境，同时可对粉丝群进行管理，如遇到部分粉丝扰乱直播间秩序，可对其做拉黑处理等。

其他具体功能，运营者可在实际操作抖音直播时体验。

无论是直播前投放还是直播时投放，运营者都可以将直播分享到微信朋友圈、QQ空间以及微博等平台，帮助直播间进行站外引流，点击“DOU+上热门”旁的分享按钮即可。

4.1.2 明确投放要素

直播DOU+有四个投放要素供抖音运营者选择，分别是“直播间人气”“直播间涨粉”“观众打赏”和“观众互动”。这四个投放要素在侧重点上略有不同，实际投放时运营者可以根据实际情况进行选择，如图4-5所示。

图4-5 直播DOU+的四个投放要素

1.直播间人气

所谓“人气”，就是指人或事物受欢迎的程度，人气越高表明受欢迎的程度越高。

投放“直播间人气”，可以吸引更多对直播感兴趣的用户进入直播间，从而给直播间带来更多人流量，进一步优化直播间的引流量。

“直播间人气”这一投放要素适合在直播间观众较少或没有观众的情况下投放，或者针对一些资历较老的账号，也可以通过投放“直播间人气”，更大程度地稳固老用户，盘活新用户。

2.直播间涨粉

粉丝数量是判断账号是否受到用户喜爱的标准，粉丝数量越多，系统会自动判定该账号的直播间非常受用户欢迎，相应地便会在该账号直播时给予更多的流量扶持。

投放“直播间涨粉”，能够促使兴趣用户在观看直播时点击关注按钮。通过直播间产生关注行为，能够满足直播间主播涨粉的需求。

“直播间涨粉”这一投放要素适合在任何时候投放，用户通过直播间关注账号，账号之后再进行直播时，平台便会将直播主动推送给粉丝用户，有助于稳定直播间的人流量。

3.观众打赏

用户在直播间给主播进行打赏的行为，表明主播受到用户的喜爱，而对抖音运营者来说，观众打赏也是赚取收益的一种方式。

运营者投放“观众打赏”，可以促使用户在观看直播时，点击直播间下方的“送礼物”按钮，给主播送出礼物，能够增加主播的热度和收益，如图4-6所示。

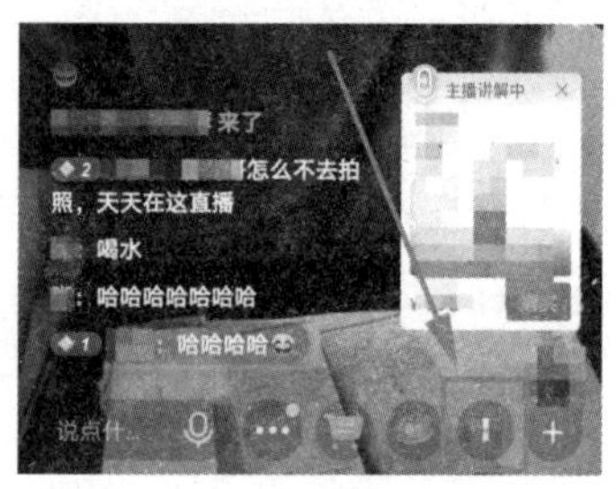

图4-6 直播间“观众打赏”示意

“观众打赏”这一投放要素适合任何时候投放，一来增加主播人气，二来帮助主播增加收入。

4.观众互动

直播间的互动率高也是直播间受欢迎的一个重要体现。需要注意的是，这里所说的互动并不单指“评论”，而是包括评论、点击加入购物车、点赞、送礼物等一系列互动行为，如图4-7所示。

图4-7 直播间“观众互动”示意

投放“观众互动”就是为了吸引用户在直播间产生互动，提升直播间的整体互动率，这对提高直播间的转化率也是非常有帮助的。

4.1.3 选择投放人群

相较于短视频而言，直播更需要目标用户。观看直播间的用户是否为账号的兴趣用户和潜在粉丝是至关重要的。因为直播最主要的目的就是引导用户通过直播间购买商品，给直播间带来转化。

所以直播DOU+投放人群的选择是非常重要的，运营者在选择投放人群时，有两种形式可以选择。

1. 智能推荐

“智能推荐”是投放直播DOU+时默认的投放形式，不需要运营者进行操作。

顾名思义，“智能推荐”类似于短视频DOU+定向版的“系统智能推荐”，主要是基于平台的算法分析将直播推荐给用户。

使用智能推荐，平台会根据账号以往的数据积累和目标用户人群为直播间匹配兴趣用户，能有效提升观看直播间的目标用户数量。这种投放形式非常适合前期直播比较少的账号，可以借助平台的算法，为直播间智能引流。

2. 自定义观众类型

相较于短视频DOU+，直播DOU+的自定义观众操作更加简单，如图4-8所示。

图4-8　直播DOU+自定义观众

在“DOU+上热门”操作界面点击“你想吸引的观众类型”，选择观众类型即可。

但直播DOU+仅能对观众的性别和年龄进行选择，限定范围较大，这是因为投放直播DOU+与短视频DOU+的目的是不同的，直播DOU+看重的并不是播放量，而是最终的转化率，所以观众类型不必划分得特别细致。

这种投放形式适合直播有一定时间的账号，或者目标受众比较明确的账号，如美妆护肤类直播间，可以将性别限定为“女”，年龄范围可以多选“18~23岁”“24~30岁”等。

4.1.4 确定投放方式

直播DOU+有两种投放方式可以选择，一是“直接加热直播间”，二是“选择视频加热直播间”，如图4-9所示。

图4-9 直播DOU+的两种投放方式

1.直接加热直播间

直接加热直播间是指将直播间内容在视频推荐页进行同步，用户在浏览短视频时能够直接观看到直播间实时状况，并且这种推荐方式十分强劲，用户在观看到这类推荐时，点击屏幕任一位置均可直接进入直播间，如图4-10所示。

图4-10　直接加热直播间推荐界面

直接加热直播间这种投放方式，对于很多没有直播经验或直播经验较为缺乏的主播而言是非常有利的，因为这种方式不用制作短视频，且对运营的要求较低，大大降低了主播获取用户的难度，但同时也要求直播间主播有较强的控场能力和引导用户的能力。

2.选择视频加热直播间

通常情况下，为直播间加热的短视频主要可以分为两种：一种为预告类短视频，另一种为引流类短视频。

（1）预告类短视频

预告类短视频通常在直播开始前3天或直播当天发布，其主要目的是为了吸引用户在直播开始时进入直播间，从而保证在直播开始时即为直播间带来较大流量。

这种短视频对内容的要求比较低，主要起到预告的作用，适合有一定粉丝基础的账号主播使用，如“呗呗兔”“多余和毛毛姐”“陈说美食”等。

如图4-11所示，为“呗呗兔”发布的一则直播预告短视频。（图片截取于2021年1月19日。）

图4-11　“呗呗兔”发布的一则直播预告短视频

图4-12　引流类短视频举例

（2）引流类短视频

引流类短视频的主要目的是帮助直播间引流，用户在看到短视频时，点击账号头像即可直接进入直播间，如图4-12所示。

这类短视频对内容有一定的要求，通常要具备足够的吸引力才能得到更多用户的青睐，否则便达不到引流的作用。这类短视频适合粉丝基数少，尤其是想要通过直播间带货但粉丝数量少的账号。

选用这种投放方式通常建议在直播开始前3小时至半小时内发布视频并进行DOU+投放，因为这个时间段投放DOU+，能够帮助短视频达到流量高峰，吸引更多用户，效果相对来说更好。

最后要说明的一点是，直接投放直播间和选择视频投放直播间并不是独立存在的，二者的投放逻辑略有不同，抖音运营者可以将二者结合起来为直播间引流，整体效果会比单投一种的效果更好一些。

4.1.5 设置投放金额

无论是直接加热直播间还是选择视频加热直播间，DOU+投放的最低金额为100元，最高为20万元。不同时期DOU+的投放政策可能会有所改变，需要运营者根据实际情况进行投放。

表4-1所示，为直播DOU+投放金额等级划分。

表4-1　直播DOU+投放金额等级划分

<table>
<tr><th>投放金额</th><th>预计为直播间带来观众</th><th>单人成本</th></tr>
<tr><td>100 元</td><td>50~300 人</td><td rowspan="6">0.3~2 元</td></tr>
<tr><td>500 元</td><td>250~1500 人</td></tr>
<tr><td>2000 元</td><td>1000~6000 人</td></tr>
<tr><td>5000 元</td><td>2500~15000 人</td></tr>
<tr><td>10000 元</td><td>5000~30000 人</td></tr>
<tr><td>自定义（最高可投 20 万元）</td><td>最多可为直播间带来
100000~600000 人</td></tr>
</table>

同短视频DOU+一样，抖音运营者也需要结合账号以往的数据和直播实时数据，不断调整直播DOU+的投放策略和投放金额，根据自身需要以及可支配成本，选取最适合自身的投放金额进行支付，确保投入更少的钱，取得更好的效果。

4.2 直播DOU+投放，如何才能更高效

投放直播DOU+最主要的目的就是在直播期间为直播间带来更多的优质观众，提升直播间的转化，那么直播DOU+如何投放才能为直播间带来更加精准的流量和优质的用户，从而提高直播间的权重呢?

首先抖音运营者在投放直播DOU+前需要先明确投放目的，所有的操作步骤围绕投放目的来进行；其次在整个投放过程中需要特别注意保持直播间的热度。

4.2.1 明确投放目的，精准定向投放

前文曾提到过，目前直播DOU+一共有四个投放要素供运营者选择，分别是“直播间人气”“直播间涨粉”“观众打赏”和“观众互动”。

因为每次投放只能选择其中一个要素，所以一旦投放要素选择

错误，那么投放产生的整体效果就会大打折扣，甚至还会造成不必要的损失。

尽管很多运营者对此都明白，但却仍然有一部分运营者在投放DOU+时不知道该如何选择投放要素。

投放直播DOU+时，选择哪种投放要素首先考虑的是直播的目的，直播目的决定了选择哪种投放要素。

1.以带货为目的

随着越来越多的企业、商家看到抖音平台的发展机遇，纷纷入驻抖音平台，并开始利用抖音直播“带货”，也就是我们通常理解的销售商品。

如果开启直播是出于带货的目的，也就表明整场直播的重点是观看直播的观众数量，直播间的观众数量越多，购买的概率就越大，则应该选择“直播间人气”这一要素进行直播DOU+的投放。

2.以涨粉为目的

很多刚开始做直播的抖音账号，前期主要是利用直播间积累一些流量，为后面开启直播打好粉丝基础，或者方便为日后发布的短视频匹配目标用户。

如果开启直播是出于涨粉的目的，则建议选择“直播间涨粉”这一要素进行直播DOU+的投放，吸引用户通过直播间成为粉丝。一方面，平台会将该账号之后的直播内容直接推送给粉丝用户；另一方面，账号发布的短视频也能获得更多的播放量和展现量。

3.以引流为目的

很多抖音运营者在操作直播时发现，相较于短视频，通过直播的形式引流更加简单，所以越来越多的抖音运营者开始尝试以直播的形式来引流。

如果开启直播是出于引流的目的，想要利用投放直播DOU+带来的人气刺激系统，让系统将账号推送到更大的流量池中，则建议选择“观众打赏”和“观众互动”这两种要素，原因是当前抖音平台更加重视用户偏好，并将其作为系统推荐最重要的考虑因素之一。选择这两种要素作为侧重点进行DOU+投放，便于平台判定直播内容受到用户的喜爱，从而给予更多的流量倾斜。

4.2.2　热度不保持，DOU+算白投

直播间的热度是影响直播效果的关键因素之一。直播间的热度越高，推荐量就越高，被用户看到的机会就越大，所获得的流量也会更多，如此才能产生良性循环，所以保持直播间的热度是非常重要的。尤其是投放了直播DOU+的直播间，如果热度无法保持，不仅会导致直播效果不够理想，还会凭空增加成本。

要保持直播间的热度，首先我们要了解影响直播间热度的因素，如图4-13所示。

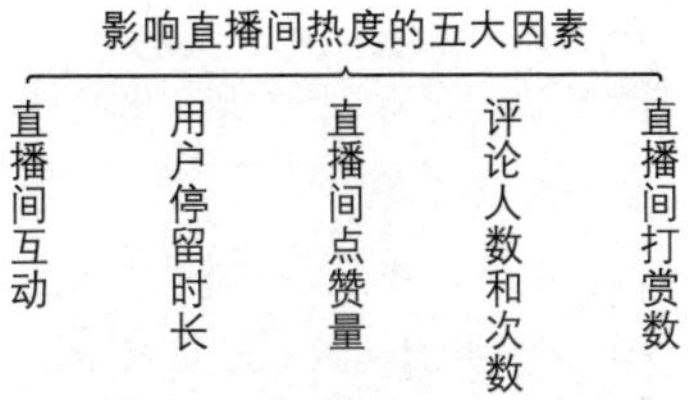

影响直播间热度的五大因素

直播间互动	用户停留时长	直播间点赞量	评论人数和次数	直播间打赏数

图4-13 影响直播间热度的因素

基于这五个影响因素，保持直播间的热度有以下方法。

1.固定直播频次和直播时长

固定的直播频次和直播时长是做好抖音直播非常重要的前提和基础，运营者一定不能“三天打鱼两天晒网”。

固定的直播频次和直播时长，一方面，便于系统做出准确的判定，刺激系统对直播间进行推荐，帮助进一步提升直播间的人气；另一方面，非常有利于粉丝用户形成思维定式，养成观看直播的习惯，增加用户黏性。

结合众多运营者的经验，建议一周直播3~4次，每次直播时长不少于30分钟，最好每场直播时长为2小时，有条件的运营者可以每天在同一时间直播，如图4-14所示。

图4-14 某抖音账号简介

2.引导用户在直播间互动

经验表明，互动能够很好地帮助直播间提高用户留存率。根据巨量引擎上半年所执行项目数据显示，有设置互动环节的直播间相较于没有设置互动环节的直播间，用户整体的停留时长高出23%，而且有更多的用户通过直播间关注了账号。

换句话说，当前抖音直播越来越强调主播和用户之间的双向互动性。

所以，直播间要注重互动环节的设计，互动形式不限，包括发红包、评论区抽奖、直播间答等，一方面能够提高直播间的用户停留时长以及点赞、评论的数量，另一方面也能够吸引更多的新用户进入直播间，提升直播间人气。

这一点对抖音主播的要求比较高，要求主播具有亲和力以及比较强的控场能力，在直播时与观众的互动要适度，避免引起观众的反感。

3.推荐流量快结束时跟投

抖音运营者在开启直播时可以对直播数据进行实时监测，尤其是投放了直播DOU+的直播间，发现直播间的数据有明显下降趋势时，如距离直播结束还有较长时间，应当立即进行直播DOU+跟投。

可能有部分运营者认为跟投DOU+会导致成本增加，这就需要结合直播的实际状况来选择。如果直播间因为投放DOU+后整体效果显著上升，但是随着金钱的消耗，直播间的效果下降明显，此时就需要马上进行跟投，否则直播间的热度无法保持，会导致前期投放的直播DOU+白白被消耗，整体的转化率无法得到提升，导致投入产出比偏高，也就意味着整体的成本投入会更高。

除了上述三种方法，优秀的主播也是非常重要的。主播如果有较强的控场能力，则能够很好地带动直播间的氛围，帮助提升直播间的人气和热度。

另外，如果是实体店铺商家，直播时打开同城定位是非常关键的，这样能够吸引同城的抖音用户进入直播间，帮助提升线上以及线下的转化率，DOU+的投放也才能更有效果。

总的说来，直播DOU+投放的效果取决于直播间的热度能否维持。若想要使直播DOU+的投放更有效果，运营者在直播时应该经常使用能够维持直播间热度的小技巧，并且对直播数据进行实时监测，如发现异常及时进行调整，这样才能刺激平台对直播间给予更多的流量扶持，也能保证直播DOU+的投放不被浪费。

4.3 直播DOU+投放的五大常见问题

很多运营者在进行直播DOU+投放之后，或多或少都会遇到一些问题，比如审核不通过、订单无法查看、发票无法寄送等。

通常情况下，直播DOU+在投放后大致会出现以下五种问题，运营者如果遇到这些问题，可以进行参照。

4.3.1 投放问题

投放问题是直播DOU+最常见的问题，很多运营者在投放之后，总是担心自己的DOU+投放后没有效果，也不知道DOU+到底投给了哪些用户，下面将针对这些问题进行解答。

表4-2所示为直播DOU+可能遇到的关于投放方面的问题。

表4-2　直播DOU+在投放方面可能会遇到的问题及解答

问题	解答
投放直播DOU+后观众数量为什么没有变化	可能存在数据延迟的情况，运营者可在投放1小时后再查看数据，如依然没有变化，可向平台进行反馈（feedback@douyin.com）
投放直播DOU+后，加热可以持续多长时间	直播DOU+加热时长一般可持续0.5小时，具体以实际加热时长为准
直播DOU+会将直播推送给哪些用户	无论是“智能推荐”还是“自定义推荐”，平台都会根据用户偏好将直播推送给对该直播感兴趣的用户

4.3.2　审核问题

前文的内容也有提到过，DOU+的审核是比短视频的审核更加严格的，并不是所有发布到抖音平台的短视频都能投放DOU+，关于审核，大多数抖音运营者关心的无非以下两个问题。

1. 投放直播DOU+审核时长需要多久

首先，很多运营者认为直播DOU+是不需要审核的，其实不然。无论是直接加热直播间还是选择视频加热直播间都是需要审核的，抖音官方为了保证直播内容和视频内容符合相关法律法规，会严加审核管控，审核不通过则DOU+无法投放。

其次，DOU+审核的时长是不固定的，且由于DOU+是人工审核的形式，审核时长与当天发布需要审核的视频总数量直接相关。

通常情况下，直播DOU+会在15~30分钟内审核完成。

2.投放直播DOU+需要符合哪些要求

简单来说，无论是投放直播DOU+还是短视频DOU+，都必须符合DOU+上热门的投放规范，并且必须通过审核。

前文已经对投放短视频DOU+的相关要求进行了介绍，投放直播DOU+的操作规范与短视频DOU+一样，具体的规范准则都能在“抖音创作服务平台—帮助中心—内容规范”里进行查看，运营者可自行查阅相关内容。

4.3.3 数据问题

由于直播和短视频内容的呈现形式完全不同，相对短视频而言，直播更加即兴，效果的实时性更强，所以查看直播DOU+投放的效果数据是非常必要且重要的。

以下是大多数运营者在查看直播DOU+的数据时遇到的一些常见问题。

1.直播DOU+的投放数据在哪里查看

直播DOU+的投放数据不仅可以在直播完成后进行查看，在直播的过程中也可以对DOU+投放的实时效果进行查看。

（1）直播时

因为抖音直播是一个持续的过程，所以不同于短视频DOU+的是，直播DOU+的投放数据可以在直播过程中进行查看。

直播时查看直播整体数据以及DOU+投放的效果数据需要借助

第三方工具。这里以“飞瓜数据（抖音版）”为例，打开“飞瓜数据”官网后登录并绑定抖音账号，打开“数据监测”—“直播监控”，即可查看到直播的实时数据，并且可以对购买人数等进行实时监控，如图4-15所示。

图4-15　利用第三方工具（飞瓜数据）查看直播数据

（2）直播后

直播结束后可以通过两种渠道查看直播DOU+投放的数据。

第一种渠道不需要运营者实际操作，在关闭直播后，平台便会对直播的整体数据进行展示，如图4-16所示。

但是要特别注意的是，这里的“付费人数”指的并不是通过投放DOU+为直播间带来的用户数量，而是有多少人通过直播间的带货链接购买了商品。

另外，在“更多数据”里，还可以查看到本场直播的观众来源，如图4-17所示。

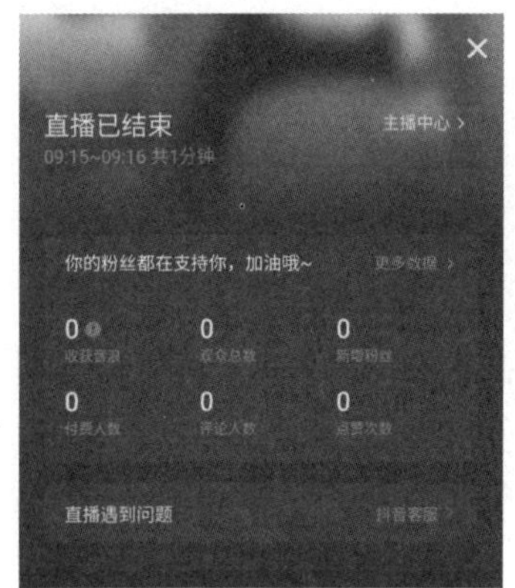

图4-16　平台直接展示直播数据

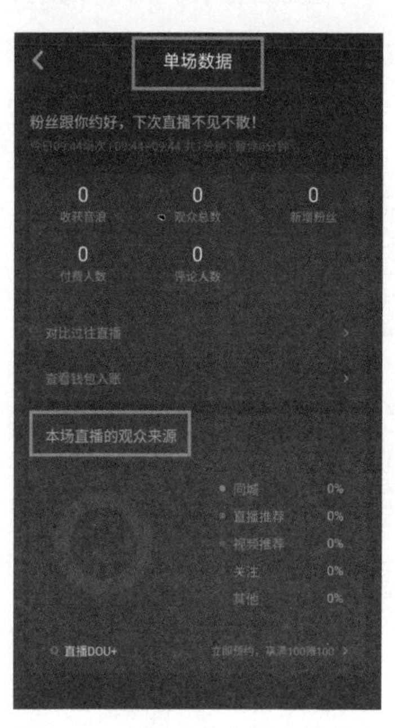

图4-17　直播观众来源查看方法

第二种渠道是指通过抖音后台查看相关数据。以手机端为例，直播结束后点击主页面右下角的“我”，再点击“≡”，进入“创作者服务中心”，即可查看到今日直播的具体数据，如图4-18所示。

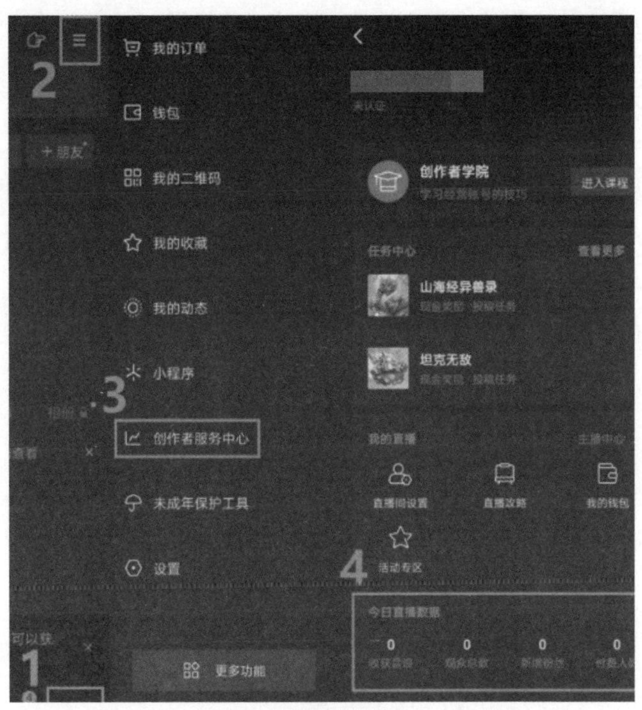

图4-18　通过后台查看直播DOU+投放数据

此外，通过“我的直播—主播中心”还可以查看到最近7天或最近30天的直播总体数据以及DOU+的投放效果。

2.为什么DOU+投放后观众数量没有变化

部分运营者在直播过程中查看直播数据时，发现观众总数一直没有变化，便认为直播DOU+没有效果。

这是由于直播数据具有实时性，部分数据可能会存在延迟更新的情况，并非是投放没有效果。因此，建议运营者在直播过程中不要反复查看直播的实时数据，最好在直播结束之后进行查看，如若数据仍然没有变化，可向DOU+官方客服进行咨询，如图4-19所示。

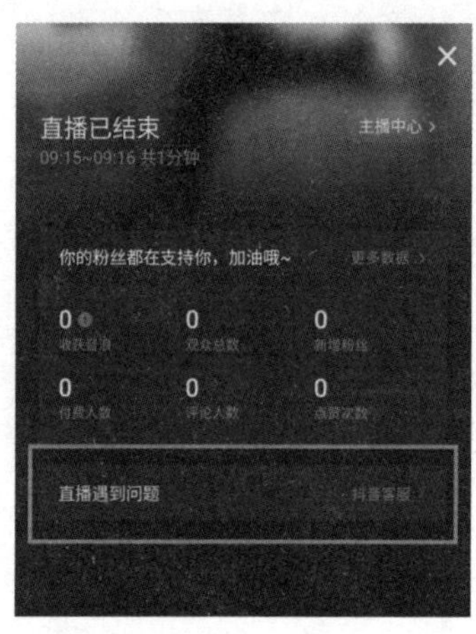

图4-19　咨询DOU+客服入口示意

3.为什么直播DOU+上热门的订单数据与实际数据有差异

很多抖音运营者在查看直播DOU+投放的数据时，发现直播结束时的数据和后期在DOU+上热门订单中查看到的数据不一致，便认为可能存在数据造假的现象。

其实这种现象并非是因为数据造假，而是因为在直播的过程中或直播结束后，可能存在部分用户点赞、关注后又取消或者评论后又删除的情况，而DOU+上热门订单中数据记录的是用户在直播间内的所有互动数据，因此导致不同渠道看到的数据可能会存在一定的偏差，这是正常现象，但如果差异过大，可联系DOU+客服进行咨询。

4.3.4 订单问题

订单问题也是很多运营者非常关心的问题，比如投放DOU+之后订单如何查看以及投放的金额是否消耗完毕，如果没有消耗完应该怎么办等。

1. 如何查看全部订单

部分运营者投放的DOU+订单可能比较多，有时需要查看全部订单数据来进行投放效果的比较，那如何查看全部的DOU+订单呢？

抖音后台改版之后，DOU+订单的查看方式与之前有所不同，具体操作步骤如下：

第一步，点击抖音主页面的“我”，再点击右上角“≡”，选择“钱包”，如图4-20所示。

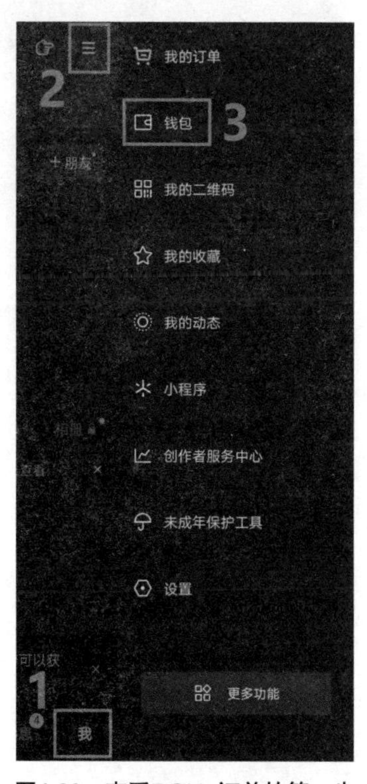

图4-20 查看DOU+订单的第一步

第二步，在“其他服务”里点击“DOU+上热门”，进入页面后将页面往下拉，可以看到“视频订单”和“直播订单”这两个选项，还能看到近7日的具体数据，如图4-21所示。

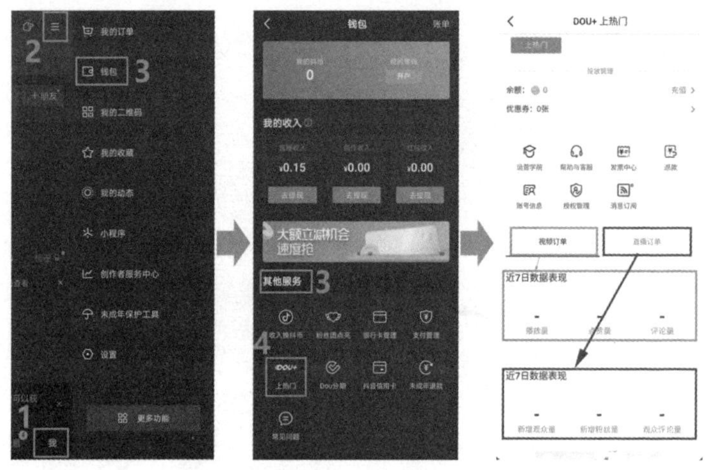

图4-21　查看DOU+订单的第二步

另外，需要抖音运营者特别注意的是，当前抖音平台已经开通了抖音小店功能，同时为了方便用户直接在抖音平台上购买商品，平台对抖音小店进行了集中整理，用户可以在抖音平台上查看购买商品的订单状况，如图4-22所示。

抖音运营者在查看DOU+订单时，应该弄清这二者的区别，避免进错入口。

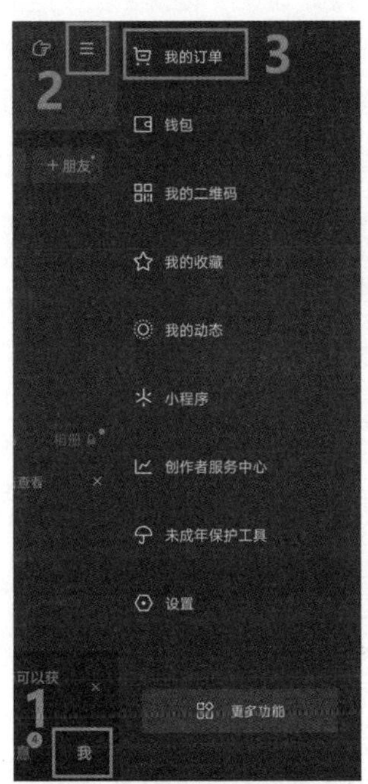

图4-22　查看购物车订单的界面

2.订单金额未消耗完怎么办

同短视频DOU+一样，如果直播DOU+审核未通过或者订单金额未消耗完，退款将在48小时后返还至DOU+账户，退款可直接用于下一次DOU+投放。

如需提现，则需要在“DOU+上热门”页面点击“退款”，平台会在1~7个工作日内将款项退还至原支付账户。

4.3.5 发票问题

如今越来越多的企业、公司入驻抖音，并通过抖音直播来提高产品销量。很多抖音运营者作为企业员工，在操作投放直播DOU+之后就面临着发票相关的问题。以下是几个比较常遇到的问题。

1.发票申请的操作步骤（以手机端为例）

第一步，点击抖音主页面右下角的“我”，然后点击右上角“≡”，进入后点击“钱包”，如图4-23所示。

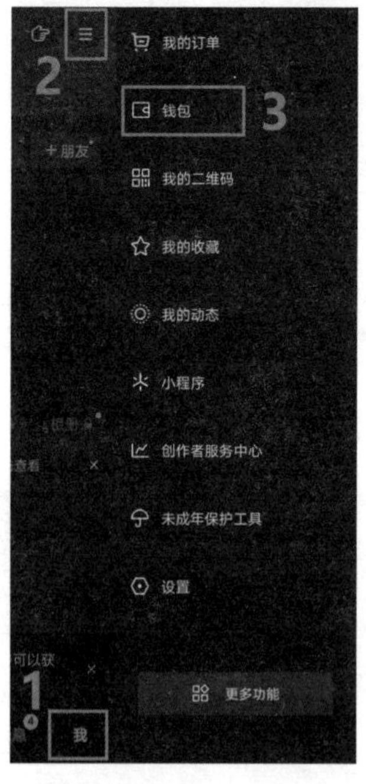

图4-23 申请发票的第一步

第二步，进入“钱包”页面之后，在“其他服务”里点击“DOU+上热门”，找到“发票中心”，点击进入即可，如图4-24所示。

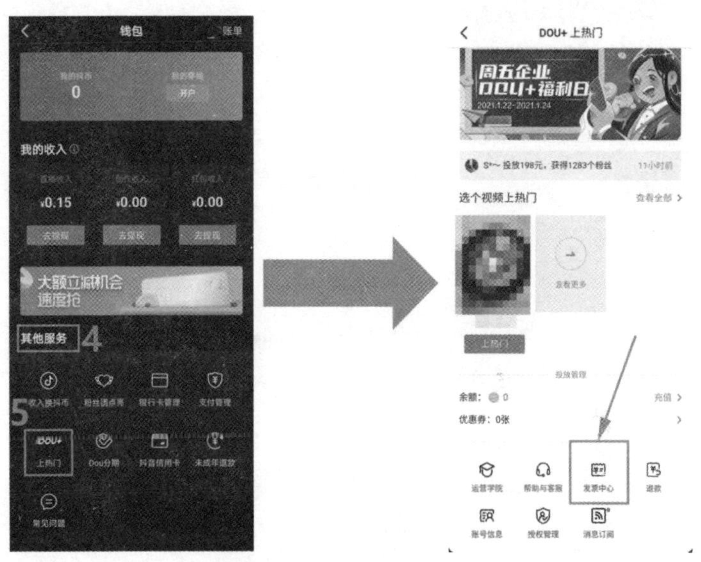

图4-24　申请发票的第二步

2.发票申请进度的查看方法

结合上述步骤，在“DOU+上热门—发票中心”中点击“开票历史”即可查看发票申请的具体进度，如图4-25所示。

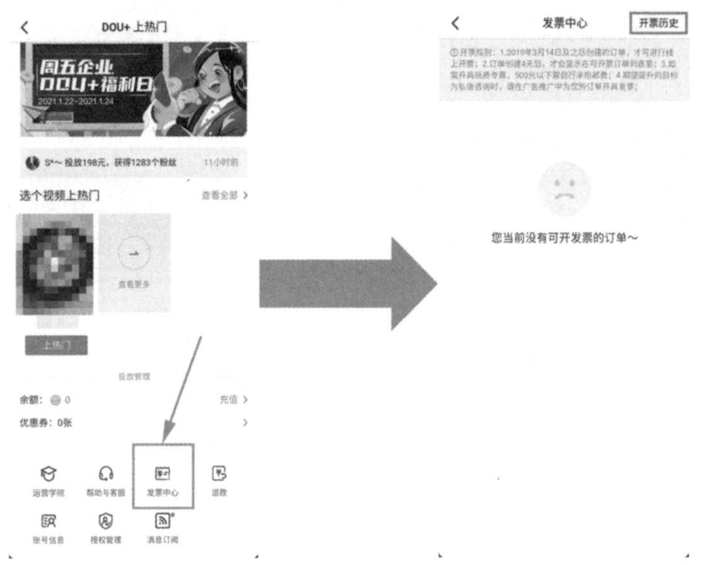

图4-25　查看发票申请进度的方法

3.如何开具企业发票

很多运营者表示，其所在的企业还没有完成抖音平台的“蓝V企业”[1]认定，那么如果想要申请企业发票应该如何操作呢？

就目前而言，开具企业发票不需要进行“蓝V企业”认证，企业身份和个人身份均可以开具企业发票。

1　蓝V企业：即企业版抖音账号，区别于个人抖音账号，旨在帮助企业传递业务信息，建立用户互动关系，打造品牌独有的长期传播阵地。

如此，很多抖音运营者又对个人身份如何开具企业发票这个问题比较关心了。其实申请企业发票同申请个人发票的操作方法是一样的，只需要在开票时选择抬头类型为“企业”，并在填写完开票信息后同意“申请开具发票确认书”即可开具企业发票。

不同的账号遇到的问题也不尽相同，抖音运营者在投放直播DOU+的过程中除了上述问题外可能还会遇到其他的问题，如无法自行解决，可以将具体问题如实反馈给抖音平台，寻求平台的帮助。

企业认证账号可以开具增值税普通发票或增值税专用发票，如果是增值税普通发票，运营者需提供抖音ID、抖音昵称、开票金额、发票抬头、税务登记号、营业执照扫描件等信息，需注意发票抬头要与企业认证账号的注册主体一致。

另外，提供相应的发票收取地址即可。

如果是增值税专用发票，在提供增值税普通发票所需要的资料外，还需额外提供公司注册地址、开户行银行账号、开户许可证扫描件、一般纳税人证明扫描件、个人联系方式等，并注明收取发票的地址。

第 5 章
运营者实战笔记：如何投放DOU+才能稳赚不赔

英国有这样一句谚语："经验包含着珍贵的学问。"前人的经验无论是在学术领域还是实操领域都格外重要。就DOU+投放而言，经验丰富的运营者提出的观点于"运营小白"而言有着十分重要的参考意义。本章内容集合了资深抖音运营者关于抖音养号、内容创作、包装技巧这三个方面的内容，详细说明如何投放DOU+才能稳赚不赔。

5.1 养号养得好，DOU+投放没烦恼

很多抖音运营者在实际操作时发现，别人发布一条短视频，几分钟就能收获几百几千的播放量和点赞量，而自己发布一条短视频，明明内容和画风都与其差不多，但是有时过去好几天才只有几百的播放量。最重要的是，在投放DOU+时，投入同等金额，但最终的投放效果与别人却相差甚远。

这是因为很多抖音运营者在投放DOU+之前都忽略了一个很重要的环节——养号。

通过养号，能够提高账号的活跃度，被系统判定为活跃用户。一方面可以为日后发布的短视频带来更多的推荐量，增加上热门的概率；另一方面也能让DOU+投放的效果更好。

5.1.1 养号的目的

经过了解，很多抖音运营者都知道在投放DOU+之前要先养号，但一部分人仍然还是“知其然不知其所以然”，不明白为什么

要养号以及养号究竟对账号有哪些具体的好处。

养号最主要的目的是提高账号的权重，除此之外，养号还可以帮助账号获取用户标签，避免账号被平台判定为营销号，从而影响之后短视频的发布。

1.提高账号权重

很多运营者在刚接触抖音时，对账号权重的概念很模糊，更加没有意识到抖音权重的重要性。账号的权重高意味着基础推荐量高，如果两条短视频的内容质量相差不大，则权重高的账号发布的短视频更容易进入更大的流量池，也能获得更多的流量。

提高账号权重是养号最核心的目的。账号权重越高，短视频本身获得的流量和关注就越多，投放DOU+的效果也就越好。

在抖音平台，权重低的账号发布的短视频获得的初始推荐量非常低，播放量和展现量也特别低，被用户看到的概率非常小；而权重高的账号发布的短视频则能够获得较多的初始推荐量，进入下一级流量池也就更加容易，上热门的概率也更大。

抖音平台共划分了五种账号权重，分别是：僵尸号、低权重号、待推荐号、中途限流号[1] 以及待上热门号，表5-1所示为其具体区别。

1　中途限流号：因操作违规或内容不符合抖音规范导致推荐量降低的抖音账号。

表5-1　五种账号权重的具体区别

账号类型	初始推荐量	账号权重
僵尸号	＜ 100	几乎没有
低权重号	100~200	低
待推荐号	1000~3000	较高
中途限流号	3000 左右，呈下降趋势	由高转向低
待上热门号	＞ 10000	极高

由表5-1可知，账号权重的高低在抖音平台是非常重要的。如果账号的初始推荐量比较少，建议通过养号来帮助账号增加权重。

账号权重提高之后，短视频获得的初始推荐量才会更多，投放DOU+的效果才会更好。

2.获得用户标签

在互联网平台，不管是人还是物品，携带标签都能够增加辨识度，体现出自身独有的特征。尤其是抖音平台，账号带有标签，不仅能够给创作的短视频带来更多的精准流量，也能够促进转化率的提升。

带有用户标签的账号，在抖音能够获得优先的流量扶持，系统会根据用户标签为账号匹配兴趣用户和潜在粉丝，并将该账号下的短视频进行精准推送，这样一来能够大大增加短视频上热门的概率。

养号阶段是非常有利于官方为账号贴上用户标签的。这期间，账号运营者以浏览他人的短视频和直播为主，平台会根据其浏览偏好，为其贴上用户标签。

需要注意的是，在养号阶段所浏览的内容也是有所限定的，应该尽可能多地浏览与自身账号定位相同或类似的内容，而不是其他内容。如账号定位是时尚美妆类，则在养号期间应该更多地浏览与之相关的短视频或直播内容。

那么如何知道自己的账号被官方贴上了用户标签呢？运营者可以通过其他账号查看自己的账号，如果下拉“关注”右边的三角符号，会显示很多同类型账号，则表明账号获得了用户标签，如图5-1所示。

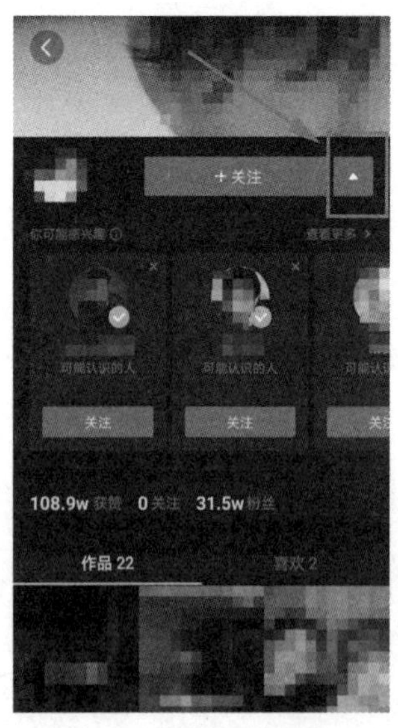

图5-1　查看账号用户标签

3.避免被判定为营销号

虽然当前很多企业、商家入驻抖音平台是为了销售自家商品，但是如果一开始就被抖音平台判定为营销号，平台就会对该账号采取一定的流量限制，该账号之后发布的短视频几乎都不可能得到平台的推荐。

也就是说账号一旦被平台判定为营销号，一段时间内该账号在抖音平台发布的短视频几乎得不到任何形式的展现，这时投放DOU+也就没有必要了。

因此，不管入驻抖音平台是不是以带货为目的，为了避免被平台认定为营销号，一定要先养号，把号养好了，后期运营会简单很多，而且在养号之后再进行DOU+投放也会更加高效。

综上所述，为了更好地控制投入产出比，在投放DOU+之前，养号是非常有必要的。

5.1.2 养号的步骤

明确了养号的重要性，抖音运营者肯定都非常想知道到底应该如何养号。

以下是结合多位资深运营者的经验总结的一套系统完备的养号步骤，分为三个阶段进行具体阐述。在正式开始养号之前需要我们对养号的周期进行了解，比较好的状况需要3~7天，慢一点可能需要一个月左右，通常情况下，7天为比较优质的养号周期。

以下是对三个阶段的具体阐述。

1.养号前：准备阶段

养号前要做好如下准备工作。

（1）选择登录方式

抖音账号一共有五种登录方式，分别为：头条号登录、微信号登录、QQ号登录、微博号登录以及手机号登录。

经验表明，这五种登录方式中，手机号登录对账号权重的帮助是最大的。另外，绑定第三方账号（火山小视频、微博等）尤其是头条号，能够更大程度地增加账号的权重。

如果已经选用其他方式登录，则需要对账号进行实名认证。

（2）账号基础信息清晰、完整

账号注册成功之后，所有的信息一定要填写完整，包括头像、性别等，账号信息越完善越好，但需要注意的是，尽量不要留微信号、QQ号等账号信息。

尤其是所在地区一定要填写，因为原则上来说，抖音平台地域推荐与热门推荐是并列的。

2.养号中：模拟真人操作

账号模拟真人操作，是指养号期间运营者要像普通的抖音用户一样，每天观看抖音视频，并且产生点赞、评论、转发等互动行为，具体方法如下。

（1）每天浏览抖音短视频2~3小时，并且时间段不能过于集中，要分配均匀，比如上午1小时、下午1小时。

（2）浏览抖音的“首页推荐”和“同城推荐”，时不时查看一下热搜榜单，平均时长控制在30分钟左右。

（3）浏览抖音视频时尽量使用移动网络，或者避免与日后发布短视频时使用同一个无线网络，这样做是为了避免被平台认定为虚假营销。

（4）完整播放所浏览的短视频，并且挑选其中的一些进行点赞、评论以及转发，还可以多关注同定位的大号。

（5）养号期间也要偶尔进入直播间观看直播，并且在直播间产生互动行为，如点赞、评论、打赏等，注意这里的直播间指的是同行业的直播间。

3.养号后：检验成果

通常情况下，7天之后便可以对账号进行检验了。很多抖音运营者可能想要知道账号“养”到什么程度才算是养号成功了呢？

其实所谓的养号成功是没有明确标准的，运营者根据自身账号的情况做出相应的判断即可，以下是两种比较常见的检验方法。

（1）随机浏览10条抖音短视频，如有5条以上的短视频与自身账号是同一属性的，则可判定账号用户特征明显，养号略有成效。

（2）在抖音平台发布一条原创短视频，如24小时内播放量达到300或以上，则可判定养号基本成功，否则建议重复以上养号操作。

5.1.3 养号的技巧与雷区

养号这一概念其实并不是抖音官方提出的，而是诸多运营者在长期的运营过程中总结出来的经验，后来约定俗成成了投放DOU+之前或者冷启动时期要经历的一个阶段。

关于养号有哪些切实可行的小技巧，以及在养号阶段有哪些注意事项，是很多新手运营者在投放DOU+之前迫切要了解的内容。

1.养号小技巧

以下是综合多位资深抖音运营者的操作经验，整理出的在养号阶段的一些操作小技巧。

（1）遵循“一机一卡一号”原则，也就是说一个抖音号绑定一个手机卡，而且只在当前手机登录，不再使用其他手机登录，这样做的目的是为了降低风险。

（2）抖音账号不要频繁登录退出，单个手机也不建议登录多个抖音号。同一无线网络下，登录的抖音号最好不要超过5个。

（3）不要异常操作，如频繁点赞、评论、修改个人信息等，也不要集中关注同类账号。

（4）养号前期建议不要发布任何短视频作品，也尽量避免用户通过搜索账号这种方式进行关注。

（5）养号检验期间发布的前几个短视频，可以直接通过抖音相机拍摄后发布，而不是从相册里面上传，这样做的目的是增加权重，在后期可以将这些视频进行隐藏。

（6）养号检验期间发布的短视频，如果用户产生评论、转发、关注等行为，要及时给予回应，产生双向互动。

（7）点赞、评论或转发他人的短视频作品，最好等到短视频播放完毕再进行。

（8）养号阶段最不可取的是买粉、刷粉、刷评论等这些不符合抖音操作规范的行为，一旦被系统检测到，将会面临巨大的风险。

（9）如果有必要，可以导入手机通讯录，无论是私人通讯录还是其他通讯录，这对养号是非常有帮助的。

（10）可以借助第三方平台查看抖音账号的权重，如：新抖、抖查查、飞瓜等。

2.养号的雷区

养号对一个账号来说是至关重要的，在抖音运营领域有一句俗语："养号养得好，DOU+投放没烦恼。"事实也证实了这一点，但是有一些新手运营者在养号后期发布作品时难免会踩到一些雷区，导致养号失败，不仅前期的工作可能白费，而且也增加了后续运营的难度。

以下是比较常见的三种错误做法。

（1）雷区1：抄袭、搬运其他短视频

很多抖音运营者都了解，在养号期间要多浏览同类账号的短视频、直播等，对其特点进行分析研究，可以适当地进行模仿。

但模仿不是照抄，不仅在养号期间，在整个抖音平台，抄袭、搬运都是大忌，会直接影响到账号的后续发展。照搬他人的短视频，若被系统检测到或被原视频创作者发现，轻则降权限流，重则可能直接被封号。

所以无论是在养号期间，还是正常运营期间，抄袭、搬运他人的短视频都是不可取的，无论是站内还是站外的短视频。

（2）雷区2：钟爱长视频

由于抖音平台对完播率的概念有所调整，当前完播率并不等于看完整个短视频，而是将平均播放时长作为完播率的评判标准。

这就导致很多新手运营者陷入了一个误区，在发布作品时，为了增加平均播放时长，便增加整个短视频的时长。

其实这种做法也是不可取的，在发布短视频作品时，只要将短视频内容完整地呈现，保证短视频的完整性即可，不必刻意增加短视频的时长。

（3）雷区3：账号内容不垂直

很多关于如何运营抖音的教程里都提到，做抖音的第一步就是明确账号定位。的确，在抖音平台，账号定位越垂直，获得的精准流量就越多。

例如，如果某账号定位是美妆，那么该账号在养号阶段浏览的重点也应该是美妆类视频或直播，在创作发布短视频时也应该围绕美妆领域展开，而不能一条短视频关于美妆、一条短视频关于美食，这样会被认定为账号内容不垂直。

养号阶段最核心的目的就是增加账号的权重，如果发布的短视频内容比较混乱，则平台就会判定该账号内容质量差，会降低账号权重，这就违背了抖音养号的初衷。

所以抖音运营者在养号阶段应该讲究循序渐进，同时应该遵循养号阶段的操作规范。

5.1.4 养号要持续

很多运营者在7天之后，对养号的成果进行检验时，发现效果达到了自己的预期，甚至有的运营者由于在前期操作得比较好，最终的结果超出了预期，于是这些运营者便认为养号已经结束了，账号已经不需要再“养”了。

这种想法是错误的，当前期养号初见成效时，后期的运营一定要跟上，不然可能造成前期的号白养了。抖音运营者也可以简单理解为账号运营从这里才正式开始。

如何持续养号？简单来说有以下两个方面。

1.持续稳定更新短视频

当前期发布的短视频受到用户的喜爱时，后期更要保持一定的更新频率，一方面可以培养用户的观看习惯；另一方面则有利于提升账号的活跃度，从而使平台为账号匹配更多的精准流量。

比如，抖音账号“陈说美食”每天会更新两条短视频，一段时间后，该账号的粉丝基本上都掌握了这个更新频率，偶尔出现更新延迟的情况，粉丝会在之前的短视频评论区“催更”。

这就是持续稳定更新短视频的意义所在，培养用户的观看习惯，保持账号的活跃度，账号的发展才会越来越好，后期如果有投放DOU+的必要，投放效果也能“更上一层楼”。

当然，这个账号只是个例。在抖音平台上，每天更新两条短视频，更新频率也是比较高的，抖音运营者不必为了满足用户的期待而改变自己的工作节奏，只要找到适合自己的更新频率，并且持续稳定更新即可。

最重要的是要保持短视频的质量，不能为了提高更新频率而降低短视频的质量，这也是养号的关键所在。

2.保持账号互动

账号互动包括两方面的内容，一是指和自己账号的粉丝用户互动；二是指和观看同类账号短视频的用户产生互动。

随着账号的稳定，以及保持短视频的更新频率，观看短视频的用户和账号的粉丝也会越来越多，互动也会越来越多，此时运营者就要对用户的点赞、评论等互动行为做出反馈，产生双向互动。

另一方面，当账号有一定的粉丝基础之后，也要与其他同类账号产生互动，要定期观看同类账号发布的短视频，除了学习这些短视频的拍摄手法以及呈现形式外，更重要的是利于平台对账号活跃度的判定，若平台判定账号比较活跃则能为账号带来诸多的好处。

总之，账号在正常运营期间要同他人多互动，保持账号的活跃度。

有很多抖音运营者之前对抖音养号的概念不够熟悉，后来经过指导之后大致了解了抖音养号的流程，但是在养号略有成效之后就开始随心所欲了，既不考虑平台规则，又也不考虑DOU+的投入产出比。

比如有一位抖音运营者，养号一段时间后，发现短视频的各项数据都有了显著提升，DOU+的投放也十分有效果，于是就忽略了养号，在抖音平台上浏览一些与自身账号无关的短视频内容，并且在创作短视频方面，也没有之前那么尽心尽力，尤其是后期，为了加快短视频上热门的速度，还在短视频中穿插了一些不符合平台规则的内容。

后来经人工审核，发现了短视频中包含的违规内容，平台立马就对该短视频进行了下架处理并且对账号进行了降权，这就意味着前期的养号工作几乎等于白费。

最后这位运营者只能从头再来，不仅浪费了时间，还错失了很多良好的时机，因为账号权重不够，只能看着同类账号纷纷登上热门，而自己却要重新开始养号。

所以养号并没有所谓的完成，它是需要持续做的一件事情，每天在平台上浏览短视频，定期发布新作品，并且产生点赞、评论、转发等互动行为，保持账号的活跃度，这样账号的权重才会越来越高，平台也会分配更多的精准流量。

总的说来，抖音运营者在养号的过程中，必须保证抖音账号在以下五个维度保持积极良好的状态。这五个维度分别是原创度、互动度、健康度、垂直度、活跃度。

（1）原创度，即尽量保证内容原创，并在剪辑方面有所创新。

（2）互动度，即账号发布短视频后及时与粉丝进行互动，尤其是评论区，要及时回复其他用户的评论，关注用户需求。

（3）健康度，即保证账号下所发布的短视频内容不出现相关敏感词汇、画面或者其他违规内容，只要出现平台就会对账号有所降权。

（4）垂直度，即账号下所发布的短视频内容需为同一领域，以保证账号的垂直属性，这也有利于平台对账号进行判定并匹配优质的精准流量。

（5）活跃度，即账号每天都要登录抖音，并且适时观看同行短视频，与之进行互动，在粉丝不断增加的情况下依然要保持账号的活跃程度。

不仅是在养号期间，在整个运营阶段，抖音运营者都应该注重上述五个维度的维护，保持账号的活跃属性，为账号获取更多的精准流量、目标用户，为进入更高一级的流量池做准备。

5.2 内容是“锦”，DOU+是“花”

很多抖音运营者在没有充分了解抖音DOU+的情况下，将DOU+视为一款能够“雪中送炭”的工具，认为短视频投放DOU+之后，播放数据以及互动数据一定能够大幅度增长。

这是一种极其错误的认识，DOU+确实可以帮助短视频引流，并且可以有针对性地提高短视频的播放数据以及互动数据，但并不是所有的短视频投放DOU+都能获得这样的效果。

首先，虽然目前DOU+的投放门槛比较低，有钱就能投，但是抖音DOU+有一套完备的审核体系，而且配备有相当严苛的人工审核小组，并非所有的短视频都能通过抖音DOU+的审核；其次，并不是所有的短视频都有投放DOU+的必要，短视频本身的数据达不到要求，花费再多成本投放DOU+，最终也只能是徒劳。

抖音运营者需要明确的是，DOU+的作用不在于“雪中送炭”，而是“锦上添花”。正所谓“打铁还需自身硬”，如果没有优质的内容作为基础，投放DOU+只能是白费功夫，只有在本身的内容足够具备吸引力的基础上再适时投放DOU+，才能得到更好的效果。

5.2.1 垂直深耕是第一要义

抖音账号“设计师阿爽”为什么能够在室装修内账号层出不穷的抖音平台脱颖而出，获得成功，收获两千多万粉丝？一个很直接的原因就是这个账号从头到尾只关注室内装修这一个领域，所有短视频都立足于这一领域，给用户留下了一个比较深刻的印象。

其实很多抖音运营者在前期一直处于想到什么拍什么的状态，或者是看到抖音平台上比较火爆的短视频，随之进行翻拍，这样做即使某条短视频突然登上了热门，对账号来说也没有任何意义。因为抖音平台提倡的是垂直定位，也就意味着抖音账号如果想要在平台上有长足的发展，应该围绕某一领域进行内容的创作，而不是“东一榔头，西一棒子”，这样非常不利于用户留存。

那么何为内容垂直深耕？简单来说，就是所有的短视频围绕单个领域展开创作，在一个领域做到极致，这样做的目的也是为了塑造账号的核心竞争力。

如何进行抖音内容的垂直深耕？抖音运营者可以从以下三个方面着手。

1.选定内容范围

内容垂直深耕最基本也是最重要的环节就是选定内容范围，只有围绕一个领域并把内容做精做细，在抖音平台上成为行业头部账号，自然会被大众熟知，从而吸引更多的用户关注，后期的操作运营也会变得非常简单。

比如抖音账号“老爸评测”，是一个专注测评领域的账号，该账号发布的短视频都是以测评为主题，运用科学的评测方式，内容划分为“美妆日化”“装修/甲醛”“食为天”等多个版块，深受用户的喜爱，也逐渐成为了抖音平台测评类账号的领头羊，如图5-2所示。

图5-2 “老爸评测”账号主页

当确定了内容的创作范围，短视频的基本方向就明确了，这不仅能帮助用户在最短的时间内对账号进行初步了解，而且对抖音运营者的日常运营以及DOU+投放都是非常有帮助的。

2.打造垂直IP

抖音平台的账号就如同现实中的人一样，如果一个人没有个人特色，就很难被别人记住，如同我们常说的“小透明”。抖音账号也是一样，如果没有记忆点则在令人眼花缭乱的抖音平台很难被用户记住。而我们做抖音就是希望能被用户记住，让人一提到某领域首先想到的就是自己，所以抖音运营者在操作运营时要注重垂直IP的打造。

这也是内容垂直深耕中非常关键的一点。抖音平台上还有很多垂直IP打造得比较成功的案例，如“滇西小哥”“豆豆_Babe”“蔡萝莉”等，如图5-3所示。

很多用户听到“滇西小哥”，立马想到云南美食；听到“豆豆_Babe”，立马想到美妆护肤；听到“蔡萝莉”，立马想到可爱二次元，可见这些账号的垂直IP打造得多么的成功。

另外，垂直IP的打造不仅仅针对内容，也可以是人设，如可爱、搞笑、专业等。不管是内容垂直还是人设垂直都非常有利于打造个人品牌，在一众同类账号中脱颖而出，这对于后期运营以及DOU+的投放都非常有利。

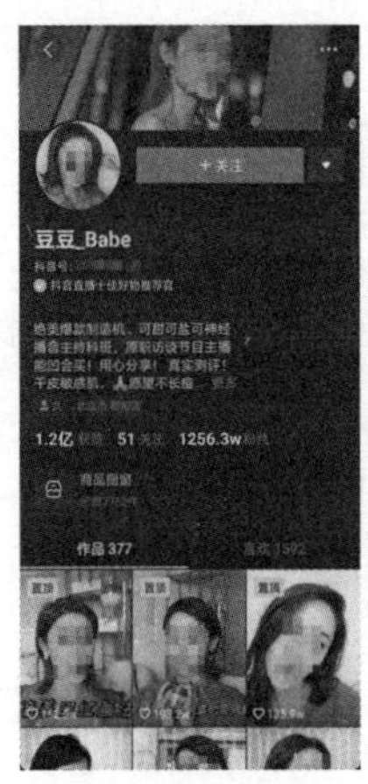

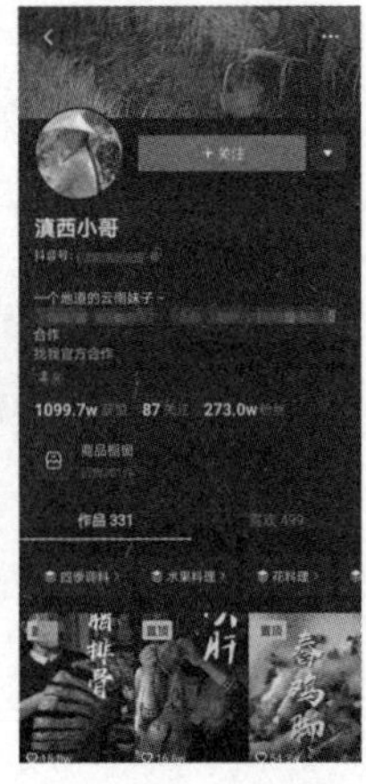

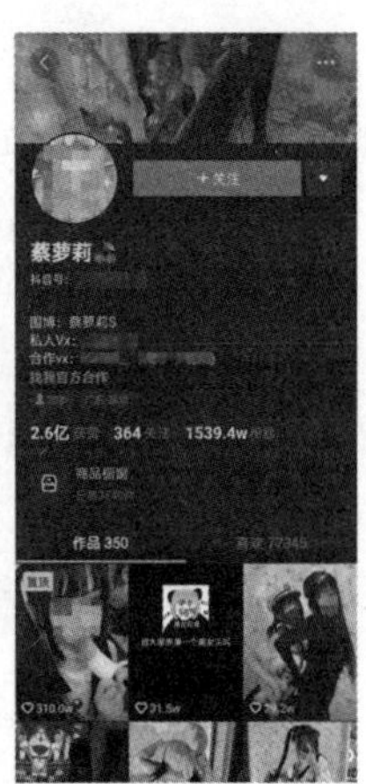

图5-3 垂直IP账号案例主页

3.树立个人品牌

如何在众多同类账号中塑造核心竞争力是很多抖音运营者思考的问题。在竞争日益激烈的抖音平台，除了选定内容范围和打造垂直IP，要想给用户留下深刻的印象，运营者还需要树立个人品牌并形成独特且强大的品牌影响力。

树立个人品牌最关键的是要具备创新意识，比如很多抖音视频以展示个人才艺为主，如唱歌、跳舞、厨艺、穿搭等，但是仅仅展示才艺是不够的，很难在一众同类账号中突出，抖音运营者要注重个人品牌的塑造，例如抖音账号“澈子”，作为一个配音类账号，另辟蹊径，树立“最搞笑配音”的个人特色，入驻抖音一年多的时间已经收获了1200万粉丝。

在抖音平台上，即使内容再精致，如果过于常规普通，也很难得到用户的认可，获得关注，所以运营者在创作内容时，要不断创新，给用户带来崭新的观看体验。

树立个人品牌，不仅有利于持续更新优质的短视频，还有利于内容的垂直深耕，而且对后期投放DOU+也非常有帮助。

5.2.2 原创短视频是基础

当前抖音平台的红利期已经过去，平台以及用户对爆款短视频的要求也越来越高，抖音逐渐由“记录者”转变为“创造者”。

随着我国文化产业的发展以及社会的不断进步，有关知识产权保护的条例措施不断完善。抖音作为短视频平台的“龙头老大”，为助力短视频行业的知识产权保护，于2020年启动了“原创者联盟计划”，保护短视频创作者的知识产权。打开抖音主页搜索“原创者联盟”即可查看到相关信息，如图5-4所示。

这表明，当前抖音平台加大了打击非原创的力度，对一些照抄照搬的短视频采取了相应的限流措施，以此鼓励原创。正如抖音相关负责人所说：“良性的创作氛围，才能激励创作者们产生更多优质的原创作品。”

也就是说，当前如果想要在抖音平台上获取更多的流量和曝光，短视频内容必须坚持原创。但是原创是有一定难度的，这也是抖音乃至国家要大力保护知识产权的一个非常重要的原因。

图5-4　抖音“原创者联盟计划”

曾经有这样一位运营者，在前期抖音平台审核相对没那么严格的时候，照抄搬运其他平台创作者的短视频发布到抖音平台，受到了很多用户的喜爱，大家鼓励其多多更新短视频，但终究不是自己创作的内容，面对用户的喜爱以及平台的大力推荐，这位运营者难免有些不知所措。

于是他便开始仔细研究这些短视频的内容策划、拍摄风格以及场景布置等，想要对这些短视频的内容进行复刻，但始终达不到想要的效果。在尝试更新了一条自己创作的短视频后，这位运营者受到了粉丝的质疑，为什么视频的内容、拍摄手法等都和之前创作的短视频不一样，是否涉嫌抄袭？

有部分用户表示在其他平台看到过这些短视频，并向抖音平台进行了举报，最终经抖音平台核实之后，这位运营者的抖音账号被平台“永久封号”。如此一来，这位运营者之前在抖音平台上积攒的人气也瞬间全无。

很多抖音运营者表示，创意并不是时时都有，短视频更新又必须保持固定的频率。那么如何才能创作出具有吸引力的原创短视频呢？以下是五点建议。

1.视频要实拍

经历了模仿、混剪的浪潮之后，当前在短视频平台，实拍内容都受到了用户的广泛欢迎。真正熟悉抖音的运营者都知道，用抖音原相机直接拍摄的内容比从手机相册导入的内容获得的初始推荐量要略多一些。

这就是抖音重视实拍的一个体现。所以抖音运营者要想使DOU+的投放更有效果，建议选择实拍，真实原创的视频更容易获得平台的推荐。

但由于现在的抖音用户对短视频的要求越来越高，希望看到更加精致的、有价值的短视频内容，所以目前来看，几乎所有的短视频都是由相机或者手机分段拍摄，最终剪辑而成。

这样的方式当然也可以，但是抖音运营者一定要保证，不管是用相机还是手机拍摄短视频，都一定要实际拍摄并且保存底片，万一涉及版权方面的问题可以将底片作为证据提交给平台。

2.模仿大V

创作是一个不断摸索的过程，很多运营者在最开始接触抖音短视频时可能不知道该如何原创短视频，这里有一个很好的方式，就是利用“四维还原法”模仿抖音大V账号，如图5-5所示。

图5-5　四维还原法

所谓“四维还原法”，其实就是将爆款短视频从以上四个方面全方位地加以还原，但应注意，模仿不是抄袭，抖音运营者在借鉴大V用户的短视频内容时，要融入自己的内容，使其有强烈的个人特色，体现原创性。

就像小孩子所有的动作、语言等都是由模仿而来，当自身创意比较匮乏时，运营者可以从抖音平台上获取创意，选择同类账号中比较受用户欢迎的账号，挑选其中的几段短视频，仔细研究其内容结构、人物设定、场景布置、语言动作等。

模仿其短视频内容进行拍摄，但是要注意在模仿时必须加入自己的思考，巧妙转换短视频的侧重点，改变短视频的节奏。在模仿的同时突出自己的风格，让短视频具有浓烈的个人色彩，这样可以避免短视频被平台判定抄袭，同时也更能加深用户对短视频及账号的印象，从而提升短视频的各项数据。

3.内容要贴近生活

抖音是一个全民都可以参与创作的平台，这也意味着在抖音平台上发布的作品定位不能太高端，否则会使得短视频的大众接受度不高，一直处于不温不火的状态。

比如“日食记”，这个账号在微博上粉丝超过2000万，但是自2018年1月入驻抖音以来，两年多的时间粉丝数量增长并不明显，目前粉丝数量不到300万。而“蜀中桃子姐”不到两年时间收获粉丝已经超过2000万。

究其原因，主要是因为“日食记”的内容不够贴近生活，很难引起观众的共鸣，而“蜀中桃子姐”的短视频中呈现的就是日常生活的状态，更加真实，也更能够引起观众的情感共鸣。

这也表明在抖音平台上贴近生活的短视频内容更容易受到用户的喜欢和欢迎，所以抖音运营者在进行短视频定位以及创作时要选择大众接受度高的内容，最终的效果才会更好。

4.内容不要太单一

很多抖音运营者在操作抖音时都听过，同一账号下短视频的风格要尽量一致，这样可以快速帮助账号形成自我特征，也能够增加平台的推荐量。

但是很多人将风格一致简单理解为内容一致，以至于所有的短视频内容以及形式都显得过于单一，这样就容易使用户形成审美疲劳，尤其是在抖音平台竞争如此激烈的情况下，用户比较容易流失。

比如有些抖音账号以情景剧为主，每条短视频都要花费大量的人力、物力、财力，需要找演员、采买道具、布置场景，投入相比一般的短视频要大得多，但是最终的效果却不如一条普通的短视频，运营者一直对这其中的原因不能理解，明明场景布置非常精致，演员演技也十分到位，细节策划也尽善尽美，可以说整个短视频的内容没有一点破绽，但是为什么播放量上不去呢？

这往往是因为短视频的内容过于单一，剧情十分平淡没有高潮。虽然出镜演员表演得十分好，但是整条短视频没有亮点出现，用户观看起来会感觉十分枯燥，再浏览到该账号发布的短视频时就会略过，影响了短视频的整体数据。平台根据用户反馈也会相应地减少推荐量，所以也就导致短视频的播放量越来越少，数据越来越差。

对于这一点的解决办法其实比较简单，在短视频里加入一些小亮点、小创意，会让短视频观看起来不那么枯燥，比如制造悬念、内容反转等。

5.视频中加入拍摄花絮

由于现在抖音平台以及用户对短视频的要求越来越高，几乎所有的短视频都不可能一次拍摄成功，我们在拍摄中经常会有一些失误的镜头，这些镜头虽然会影响最终的呈现效果，但是往往十分有趣，能够逗笑观众。

这些拍摄花絮可以剪辑之后放在短视频的片尾，就像电影放映结束后的“彩蛋”一样，能够让观众感觉到真实，这样就可以拉近与观众之间的距离，对短视频的各项数据都是十分有利的。最重要的是，能够体现短视频的原创性。

对优质的短视频内容投放DOU+能够取得更好的效果，而原创是保证内容优质的首要前提。抖音运营者可以结合上述技巧进行短视频的创作。总之，在投放DOU+之前一定要确保短视频的原创性，这样才能避免DOU+的投放出现“偷鸡不成蚀把米”的状况。

5.2.3 “黄金三秒”是关键

很多抖音运营者表示，花费精力设计的巧妙结尾，搞笑又有内涵，立意也不错，但始终就是得不到关注，这是为什么呢？

这是因为这部分运营者抓错了重点，“好钢没有用在刀刃上”。

抖音平台是短视频平台，重点在“短”。它不像电影，有足够的时间为后面的内容做铺垫，用户只需要三秒钟的时间就可以决定是否要将这条短视频看完。

所谓“黄金三秒”，就是指要在短视频开头的前三秒将用户的目光吸引住，也就是在短视频的开头要设置一个能够让用户产生观看欲望的“点”。

如何设置这个“点”，吸引用户观看短视频呢？

1.设置悬念

所谓悬念，就是我们俗称的“卖关子”。在短视频开头设置悬念，可以利用人们的好奇心理，抓住用户的兴趣点。

比如开头可以用惊叹、哭泣、愤怒等极易引起用户兴趣的内容来引入，吸引用户继续观看短视频内容。

除此之外，还可以以疑问句的开头设置悬念，引入内容，比如“为什么有的女生总是遇到渣男？”“为什么你一看书就犯困？”等。

需要注意的是，设置悬念要把握好分寸，以免弄巧成拙，使用户认为短视频内容在故弄玄虚，这样很容易引起用户的不满。所以悬念的设置一定要适当，不能太过。

2.高潮前置

短视频的性质决定了“娓娓道来”不会是最好的表达方式。大多数时候我们需要在最短的时间内告知用户短视频的重点，这时候就需要用到高潮前置，将短视频中最精彩的部分放在开头部分。

如“江苏广播”在2021年1月26日发布的一条短视频，如图5-6所示。

图5-6　某段视频前三秒截图

这条短视频用“开飞机赴宴”这一话题，在前3秒就抓住了用户的眼球，发布仅7小时，即收获了223.1万次点赞、14.7万次评论。

我们在创作内容时也可以借鉴这一点，将短视频中最具有吸引力的部分前置到开头处。

3.有趣有用

有趣即在短视频开头展示搞笑、罕见、不同视角看事物等内容；有用则指在短视频开头展示生活小妙招、思考方式、健康小知识等能帮助用户增长知识的内容。

在短视频开头展示用户需要的内容能够有效吸引用户的目光，这里截取了抖音上两条短视频的开头，分别截自“Viata看天下”和“清晨泰阳冷知识”，如图5-7所示（图片截取于2021年1月26日）。

图5-7　有趣和有用的短视频开头举例

这两条短视频的点赞量都已经超过了百万，两条短视频的开头一个有趣、一个有用，都能够瞬间吸引用户的目光使用户为之停留。

我们在创作短视频时可以借鉴这一点，在短视频的开头即引入有价值的内容。

4.常识反差

在短视频的开头制造一些反差，让用户有一种“智商被摩擦”的感觉，吸引其继续观看短视频，这样也有利于增加短视频的平均播放时长。

如某短视频在开头说明“很多人第一步就做错了”，但是配图却是不符合常识的内容，如图5-8所示。

用户认为短视频内容错误，所以继续观看，这也是吸引用户观看的一种方式，只不过这种方式不能经常使用，否则会适得其反，用户也会对账号产生不好的感受甚至厌恶情绪。

5.视觉冲击

人的视觉感官是非常灵敏的，能在一瞬间捕捉到很多信息，如果短视频开头的几秒钟能给用户带来强烈的视觉冲击力，就能极大地提高短视频的播放量。

比如洛丽塔、汉服等这种生活中不太常见的内容，或者是特效这种具有强烈视觉冲击的内容。

图5-9所示为抖音账号“慧慧周”2020年5月25日发布的一条短

视频，这条视频运用极高的特效处理技术，开头即给用户带来了极强的视觉冲击。

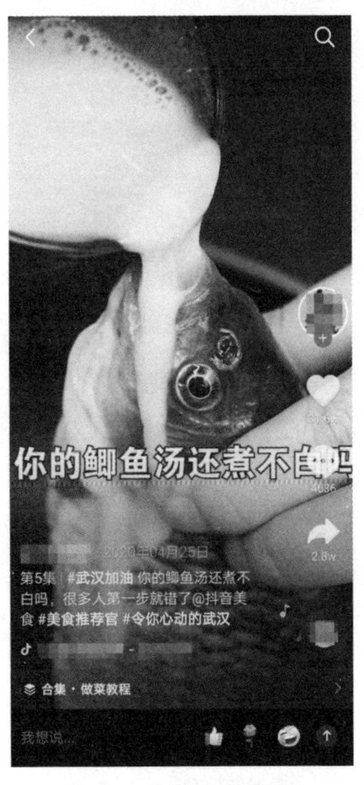

图5-8　某短视频截图

图5-9　“慧慧周”某短视频截图

“慧慧周”账号的特效技术是非常高的，很多创作者或许不具备这样的技术水平，但是这里强调的是视觉冲击，只要能够让用户短时间内感觉到眼前一亮即可。

抓住短视频的"黄金三秒"是非常关键的，甚至短视频行业有一句俗话叫"三秒定生死"。所以运营者在创作短视频内容时要把握好开头前三秒的内容，在三秒钟之内将用户吸引过来，提高短视频的转化率，也能够让后续的DOU+投放更有成效。

5.2.4 内容品质是核心

当前，互联网市场看上去是流量的竞争，但其本质还是内容的竞争。无论是抖音平台还是其他短视频平台，优质的内容永远是吸引用户的核心竞争力。

随着时代的发展进步，抖音平台以及抖音用户都在不断成长，用户对内容质量的要求也越来越高，表5-2所示为抖音平台短视频内容的变迁史。

表5-2 抖音平台短视频内容的变迁史

阶段	内容重点	举例
抖音1.0时代	以卡点音乐为主，且"颜值即正义"，忽视内容质量	"温婉""费启鸣"
抖音2.0时代	以正能量段子和土味段子为主，且大多数短视频使用"开头即高潮，反差加反转"的快节奏模式	"陈翔六点半""懂车侦探"
抖音3.0时代	以真实有温度的内容为主，短视频根据剧本进行创作拍摄	"路边小郎君""初心行动"
抖音4.0时代	以贴近生活的真实内容为主，短视频的拍摄讲究真实性，重在拉近与观众之间的距离	"陈说美食""碎嘴许美达"

那么如何才能制作出优质的短视频内容呢？以下四点是关于创作优质内容的小技巧。

1.站在用户视角

站在用户视角是指创作者在构思短视频内容时要站在用户的角度而不是自身的角度，要明确内容的受众。

要想吸引用户的目光，短视频要能引发用户强烈的情感共鸣，能够让用户在观看短视频的过程中充分调动情感，这样的短视频内容才称得上是优质。

2.标题足够吸睛

短视频的标题要选择痛点高、受众基数大、讨论度高的话题，这些内容更容易受到用户的欢迎，而且讨论度高也能带动短视频各项数据的增长。

如抖音上两条短视频的标题分别是“远嫁的你，过得还好吗？”和“大脑开发到100%会发生什么？爱因斯坦大脑只开发了15%吗？”

从痛点、受众基数以及讨论度来说，前一个标题占据明显优势。当然话题的选择与账号本身的定位有一定关系，但是标题一定要具备足够的吸引力。

3.蹭热点

经验表明，很多利用热点内容进行再加工的短视频内容更容易得到平台的推荐，播放量、点赞量等数据的增长也更加容易。

抖音运营者可以在抖音主界面查看“抖音热榜”，点击“查看完整热点榜”，如图5-10所示（图片截取于2021年1月26日）。

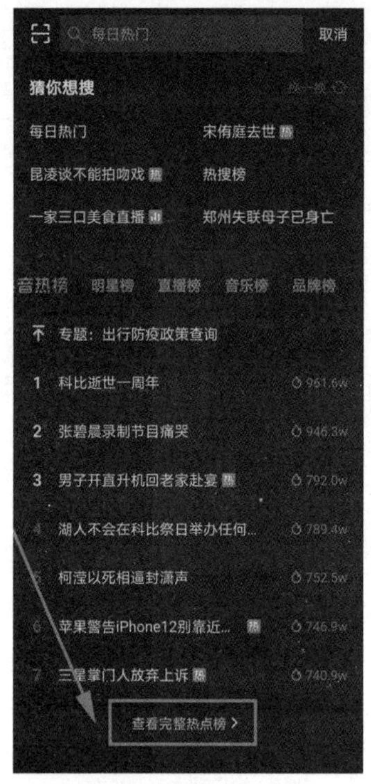

图5-10　查看抖音热榜

或者可以在搜索框搜索“话题”，会出现很多抖音当下的热点话题，这也是蹭热点的一个比较好的方式。

4.统一的视频封面

从某种意义上说，短视频的封面直接影响用户观看短视频的欲望，吸睛的短视频封面能够瞬间抓住用户的眼球。

而实践证明，不同的账号适用的短视频封面也不一样。制作精美且风格统一的封面能够更大程度体现账号特点，让人看到封面就能直接对应账号，并且持续输出非常有利于用户形成“记忆点”，让账号具备独一无二的竞争优势。

如图5-11所示，列举了3个账号短视频的封面。

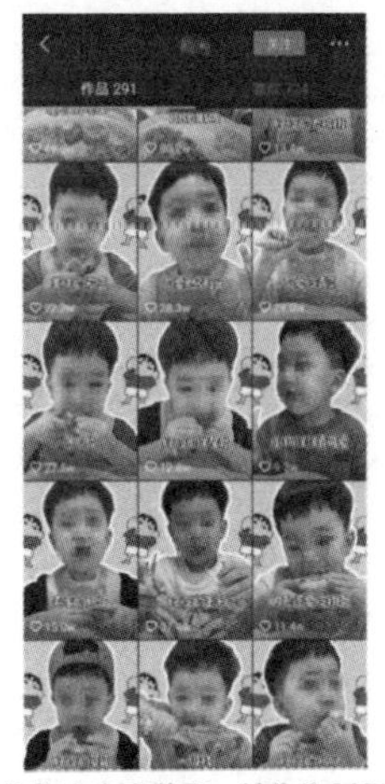

视频中内容截取一帧作为封面
截取自抖音账号"石头"

视频内容+文字作为封面
截取自抖音账号"知识学堂"

相同背景+文字作为封面
截取自抖音账号"时光音乐"

图5-11 统一的短视频封面举例

在抖音平台，优质的内容是核心，是“王道”，只有优质的内容才能留住用户。高质量的短视频内容应该具备功能价值、情感价值和认知价值。

同时，也只有优质的内容才值得投放DOU+，而且最终DOU+的投放效果才能更好。

5.3 高ROI必备：高颜值“包装”

数据表明，当前抖音平台上年轻用户居多，而这些用户大多喜爱新鲜事物，并且对“颜值”的要求较高，偏爱那些能够让人眼前一亮的事物。

所以，要想让短视频的DOU+投放更加有效，并且最终帮助短视频登上热门，仅仅依靠优质的内容是远远不够的，还需要精美的“包装”。如果不能在第一时间抓住用户的眼球，就失去了DOU+投放的良好时机，如此短视频上热门的概率就降低了。

所以，在运营抖音短视频时，不仅要注重短视频的内容质量，也要注重短视频的包装，打造“表里如一”的优质短视频。

好的短视频呈现效果能给用户带来比较好的体验，投放DOU+也能取得不错的效果，从而促进投入产出比（ROI）的提高。

5.3.1 打造吸睛标题

抖音标题是指抖音短视频下方的文字，占据1~2行，一般在15~20字符之间。

就抖音短视频而言，除了优质的视频内容，标题文案也是非常重要的一部分，但同时也是最容易被忽视的一部分。很多抖音运营者重视内容质量，花费大量精力创作了优质的短视频内容，但是在写标题时却敷衍了事，导致最终的呈现效果不理想。

那么抖音短视频标题究竟有哪些具体作用呢？抖音运营者在写标题时有哪些技巧可以参照，又有哪些注意事项呢？

1.抖音短视频标题有何作用

短视频标题相当于短视频的门面，即我们俗称的“敲门砖”。标题写得好自然可以吸引更多用户的目光，从而提高短视频的各项数据，也能使DOU+的投放更有效果。

抖音短视频的标题具体有两个重要作用。

（1）吸引用户点击观看视频内容

短视频标题是用户在浏览时一眼就能看到的信息，好的短视频标题能让用户眼前一亮，也能吸引用户进一步观看视频内容。

反之，如果短视频的标题过于简单甚至没有标题，用户点击观看视频的欲望也会降低，即使短视频的内容制作得再精美，用户因为标题简陋而不点击观看，最终只能是“因小失大”。

（2）刺激平台匹配更多精准推荐

目前抖音平台对短视频的审核仍然是采用“系统审核+人工审核”的形式，所以一条短视频发布到抖音平台后最先被系统审核，其次才是人工审核。

而系统的算法则会通过标题判断短视频内容，进而进行相应的推荐，所以为了使平台在推荐时更加精准，短视频标题一定要贴合短视频内容并且文案要足够精美。

2.抖音视频标题写作技巧

在明确了短视频标题的重要性之后，很多运营者又陷入了另一个困境，为什么有些短视频标题文案能够得到用户的青睐，然而自己却总也写不出具有吸引力的优质短视频文案。

抖音标题文案究竟怎么写才能具有吸引力？以下是关于短视频标题写作的一些技巧。

（1）简单叙事

这类标题一般是通过一段完整的叙述，来帮助用户对短视频内容进行初步的了解，用户通过标题就能知晓短视频表达的具体内容。

简单地说，就是一句话将短视频的内容叙述清楚，如图5-12所示。

这条由“三峡日报”发布的短视频标题为：“1月26日，为了感谢福建援宜医疗队员对宜昌的无私援助，宜昌为福建援宜医疗队员们送去了慰问金。”正是将短视频的内容简单进行叙述，用户可以迅速理解短视频的内容。

（2）设置悬念

这类标题在写作时通常会留有一半余地，让用户带着揣测、期待的心情观看短视频内容。这类标题在激发用户观看兴趣的同时也能够帮助提升短视频的完播率，有利于投放DOU+前数据的达标。

这类短视频通常会用到“如何”“怎样”“难道”“究竟”“到底”“是不是”“竟然”等疑问词，如图5-13所示。

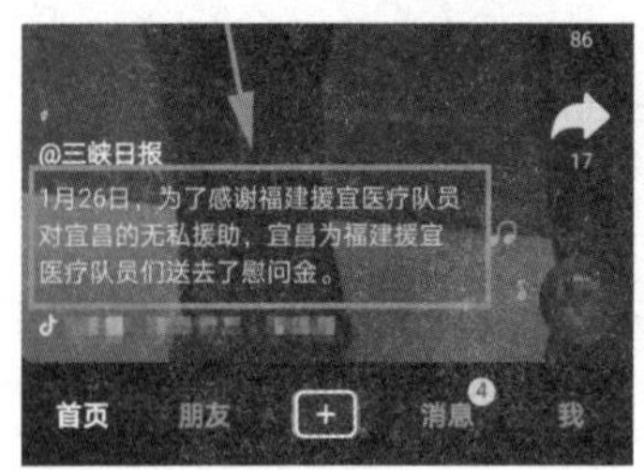

图5-12　简单叙事类短视频标题举例　　图5-13　设置悬念类短视频标题举例

该条由“西安房产彭于晏（仙人掌）”发布的短视频标题为：“200出头就可以住进去的中式大别墅，你羡慕吗？”设置悬念，从而吸引用户继续观看短视频。

（3）直观明了

直观明了不同于简单叙事，主要是指用数字简明扼要地进行内容呈现。由于用户在浏览短视频时停留在标题上的时长不会超过2秒，所以要求短视频的标题直观明了，而数字正好具有这样的特性。

图5-14所示为某短视频截图。该短视频标题为："17天0到10万粉的经验分享。"连用三个数字，非常直观地介绍了短视频的内容，让用户想要了解他是如何在17天涨粉10万的。

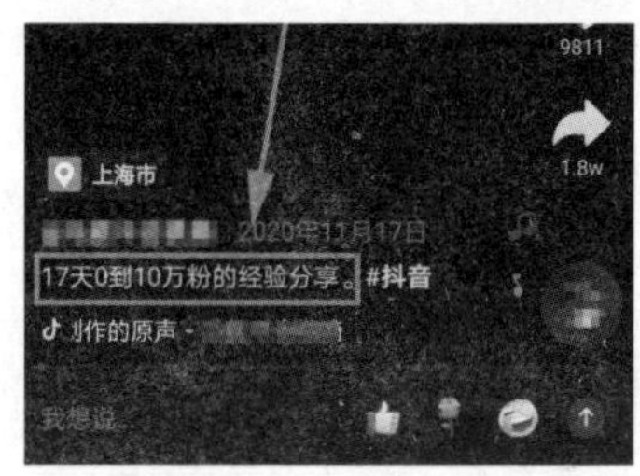

图5-14　直观明了类短视频标题举例

（4）引起共鸣

写作这类标题的时候要充分调动自身的情感，以唤醒用户的情绪，两者达成情感共鸣，如爱情、亲情、友情，以及一些感人事迹、暖心瞬间等。

图5-15所示为某短视频截图。该短视频内容主要是讲述韩国某吃播博主在对中国发表不友好言论之后被其经纪公司解约的事件，其标题为："***已被公司解除所有合约，真是大快人心！干得漂亮！"

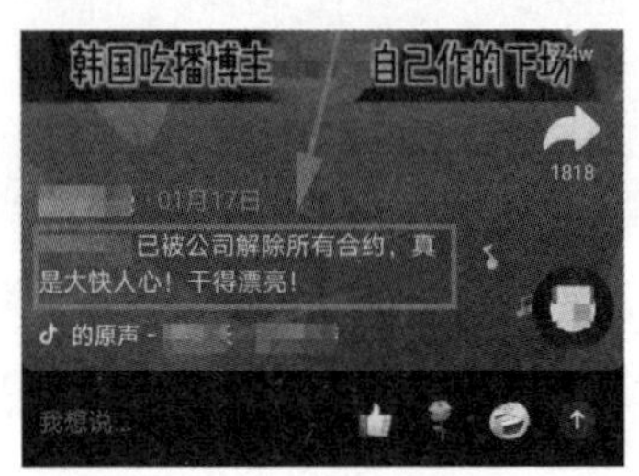

图5-15　引起共鸣类短视频标题举例

该短视频迎合了用户的爱国情感，引起了强烈的共鸣，从而吸引用户观看。

（5）引发思考

这类短视频标题主要是在写作的时候引入一些道理，引导用户在看到标题时进行反思，得到一些感悟和启发，如图5-16所示。

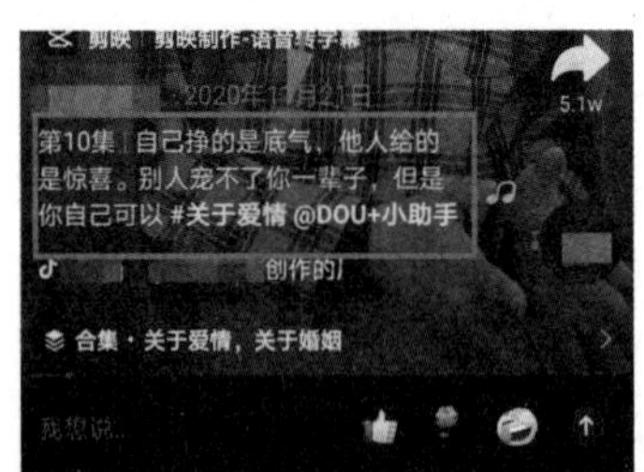

图5-16　引发思考类短视频标题举例

该条短视频标题文案为：“自己挣的是底气，他人给的是惊喜。别人宠不了你一辈子，但是你自己可以”，短短几句话，瞬间引发用户关于人生的思考。

这类短视频的标题一般要有一定深度，同时对短视频的内容要求也比较高，不能过于浅显。

（6）刺激互动

这类短视频标题通常是在写作时点明一些痛点、痒点，通过标题与用户进行互动，巧妙地刺激用户观看短视频，并产生点赞、评论等行为，如图5-17所示。

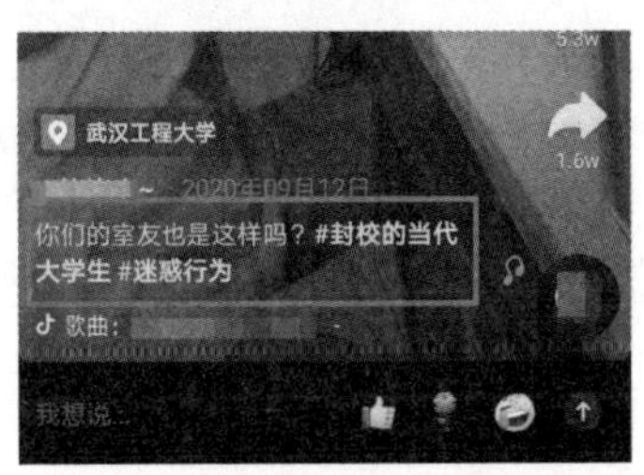

图5-17　刺激互动类短视频标题举例

这条视频标题为：“你们的室友也是这样吗？”引发用户的好奇心理，并采用疑问句的形式，刺激观众在评论区互动。这条短视频获得了109.8万点赞量，5.3万评论量。

运营者在编写这类标题时，可以在视频内容上进一步引导用户评论，但要注意标题要与内容高度匹配，以免引起用户反感。

（7）结合热点

这类标题可以简单理解为“蹭热点”。结合热点来写标题是一种很好的吸引眼球的方式，通常情况下，人们对有影响力的时事都会比较好奇，也比较感兴趣，在标题里融入一些讨论度比较高的热点话题，能有效提升短视频的播放量，如图5-18所示。

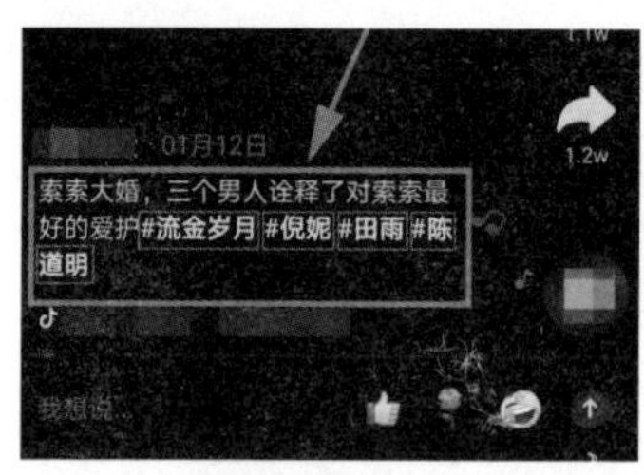

图5-18　结合热点类短视频标题举例

该条短视频发布于2021年1月12日，视频内容是当时热播的电视剧《流金岁月》，这条视频获得了21.8万点赞量，1.1万评论量和1.2万转发量。

使用这种方式创作标题需要抖音运营者及时关注时事，可以结合抖音热榜以及微博热搜的热点、热词，但需要运营者注意的是，热点话题更新快，“蹭热点”要及时。

短视频标题的写作是非常重要的，不知道如何写作标题的运营者可参考以上建议和技巧，也可以多借鉴抖音平台上爆款短视频标题的写作手法。但应注意标题要与内容相契合，不能为了创作出具有吸引力的标题而脱离短视频内容，这样会给用户带来很不好的体验，不利于数据提升。

3.抖音视频标题写作注意事项

标题是短视频非常重要的一个组成部分，标题不够出彩可能会导致短视频整体数据偏低，那么在创作短视频标题时有哪些注意事项呢？

（1）注意语句逻辑、主旨表达清晰，否则系统无法识别。

（2）标题尽量短小精简，否则用户可能会失去兴趣，一般1~2行为宜。

（3）词汇应大众化，避免出现一些冷门、生僻的专业名词，一方面不利于算法识别；另一方面，覆盖人群太少，用户可能看不懂。

（4）语句不宜缩写，虽然要求语句简练，但尽量避免缩写。

（5）语句表达避免官方语态，应尽量使用口语化的表达方式。

另外，运营者在写作标题时可以在标题最后@“抖音小助手”或带上抖音官方的标签，也能在一定程度上增加曝光。

表5-3是一些关于抖音短视频标题的例子，供各位运营者参考。

表5-3　短视频标题举例

标题类型	举例
疑问句	“如果给你一千万，你会用它做什么？” “如果有一天醒来，你发现自己到了外太空，你会怎么办？” “为什么你总是活得不如别人？” “为什么你总是在深夜感到孤独？” “你的梦想还在吗？”

续表

标题类型	举例
诘问句	“你敢吗？” “你一定不会” “你绝对想不到” “你肯定做错了” “我打赌你一定是这样想的”
矛盾体	“我离婚了，但是我感到非常开心” “我辞职了，可是我非常快乐” “感到口渴，可是你为什么不想喝水？” “为什么有时你会想要淋雨？” “为什么有些人生病了不想吃药？”

5.3.2 设计高转化率的封面

抖音短视频的封面更多的是在账号主页而非推荐流页面展示，所以很多抖音运营者认为没有必要制作精美的封面。

然而事实并非如此。

试想一下，用户在浏览一条短视频时认为其内容很有价值，于是点击进入该账号的主页，想要浏览其他短视频，但是发现短视频的封面非常凌乱，便失去了兴趣。尤其是连载的短视频，当用户点击主页想找到连载内容时，如果封面不统一，找起来就会有些难度，长此以往有可能导致用户严重流失。

所以抖音运营者必须重视短视频封面的作用。

1.封面对短视频的重要性

除了标题外，封面对短视频也是十分重要的，其重要性具体来说有以下两点。

（1）提高平台的推荐量

前文有提到，短视频上传到抖音平台后，先是被系统看到，其次才是人工审核。优质的短视频封面同优质的短视频标题一样，可以获得更多的平台推荐量，更多地被用户看到，从而带动各项数据的提升。

（2）打造良好的用户体验

一方面，精美的短视频封面能够吸引用户点击观看；另一方面，清晰的短视频封面能够帮助用户快速查找内容，节省时间，让用户碎片化的时间变得更加高效，带给用户良好的体验。

数据分析表明，当用户点击进入账号主页后，相较于凌乱的短视频封面，精美的封面更能够吸引用户点击观看，可以提升短视频的点击率。

总的说来，优质的封面能够提升短视频的点击率，吸引更多用户关注，十分有利于粉丝增长。

2.常见的短视频封面类型

通常情况下，短视频的封面主要有以下几种类型，如表5-4所示。

表5-4　常见的短视频封面类型

短视频封面类型	特点	适用短视频类型	抖音账号举例
以人物形象为主	突出人物主体 通常以出镜人物的经典表情或者短视频的高潮部分作为封面	情景剧类短视频 才艺表演类短视频	"李蠕蠕" "石头" "豆豆_Babe" "刘思瑶nice"
以事物特写为主	突出事物主体 通常将物品进行放大处理，将最有吸引力的部分作为封面	美食类短视频 风景类短视频 好物推荐类短视频	"开饭啦小志" "好物研究院" "美景记录" "楚良的旅行"
以文字内容为主	突出文字部分 添加文字，简要介绍短视频内容	科普类短视频 教学类短视频 好物推荐类短视频	"无穷小亮的科普日常" "医路向前巍子" "阿米日常生活好物" "科学旅行号"

这些是比较常见的短视频封面，我们在制作封面时可以参考一些大V账号，模仿他们的短视频封面呈现形式来制作。

除此之外，还有一种比较特殊的封面呈现形式，如图5-19所示。

这种封面以画面三合一的形式呈现，主要适用于影视解说、影视混剪等领域的账号，在制作时需要用到Photoshop工具，具体操作方法请自行查阅，这里不再赘述。

图5-19　某抖音账号主页

3.如何设置短视频的封面

在了解短视频封面的重要性之后，仍然有一部分刚接触抖音的运营者不知道短视频的封面应该如何设置。设置短视频封面有以下四个步骤。

（1）抖音短视频主界面点击“+”，上传短视频。

（2）选择抖音相机直接拍摄或从相册选取素材后点击“下

一步”。

（3）进入抖音短视频发布界面后，右上角点击“选封面”，选择合适的封面，如图5-20所示。

图5-20　短视频发布界面

（4）设置好封面，并撰写好标题以及其他内容点击“发布”即可。

4.制作短视频封面的注意事项及技巧

以下是五点关于短视频封面制作的注意事项和技巧。

（1）封面简洁清晰

封面作为短视频的门面，如果模糊无重点，不仅会影响作品的整体质量，影响平台的推荐量，也会给用户带来不好的视觉体验，降低短视频的整体数据。

所以短视频封面一定要简洁清晰、重点突出，这样才能吸引用户点击观看。

（2）封面与内容匹配

同短视频标题一样，短视频封面一定要与其内容完美契合。用户因为短视频封面产生观看兴趣，点击短视频观看内容，若封面与内容不相符合，则用户体验会大打折扣，甚至还会被用户举报。

所以短视频的封面一定要与其内容相匹配，不能出现“表里不一”的现象。

（3）封面主体居中展示

无论是以人物、事物、还是风景，抑或是文字为封面的展示主体，都应该居中展示，因为居中展示带来的视觉体验更好。

如果是以文字为封面主体的，要注意字体要大，而且字数不宜过多，控制在15字以内，这样做的目的是方便用户查看和理解。

（4）建议封面使用固定风格

由于封面主要是在账号主页展示，统一固定的封面风格可以让主页看起来更加整洁美观。

另外，统一的封面风格能够让账号的个人特征更加明显，让用户对账号产生一个主观印象，加深用户印象，而且固定的封面风格在制作时也更加便捷，减少工作量。

（5）封面与内容之间停顿1~2秒

封面与内容之间适当停顿是为了帮助用户看清封面内容，如果封面一闪而过，用户在还没有看清封面的情况下即开始内容播放，节奏过快，可能会给用户带来不舒适的体验。

在封面与内容之间停顿1~2秒，给用户缓冲的时间，让用户提前对短视频的内容有一个大致的了解，帮助其更好地观看短视频。

虽然只有在用户点击进入账号主页后，短视频封面才能发挥它的作用，但是抖音运营者不可轻视短视频封面的作用，精美的封面同优质的内容一样能够为短视频带来更多的流量和曝光。

5.3.3 搭配适宜的背景音乐

背景音乐是抖音短视频不可分割的重要内容。作为抖音运营者，我们需要明确添加背景音乐对短视频的具体作用有哪些，并且要熟知如何为不同的短视频搭配适宜的背景音乐。

1.背景音乐对短视频的作用

在创作抖音短视频的过程中，背景音乐作为一个重要因素，是不可替代的。背景音乐对短视频的作用具体有以下三点。

（1）增强传播性

就好比平时我们听到好听的歌曲都会同周围的人分享一般，在抖音平台，好的背景音乐首先可以吸引用户观看短视频，其次可以促使用户将短视频分享传播给其他人，这就在无形中增加了短视频的播放量，促进了短视频各项数据的提升。

（2）提升观赏性

添加了背景音乐的短视频相比没有添加背景音乐的短视频更容易受到观众的喜爱，尤其是契合短视频内容的背景音乐，不仅能够提高短视频的整体质量，还能够顺带提升用户对账号的好感度，从而吸引更多点赞、评论与关注。

（3）推动上热门

选择抖音平台上当下传播度较高的背景音乐，可以刺激抖音算法匹配更多的流量，增加视频上热门的概率。尤其是使用平台上爆火且与短视频内容高度契合的背景音乐更加能够获取平台更多的推荐，也能吸引更多的用户点击观看。

2.如何选择合适的背景音乐

在选择背景音乐上，抖音运营者应该把握好大方向，避免最终呈现时，背景音乐稍显突兀。那么如何才能为短视频选择合适的背景音乐呢？运营者可以从以下五点着手。

（1）确定短视频内容的基本调性

在选择短视频的背景音乐时，首先需要确定短视频的基本调性，再选择与短视频内容相吻合的背景音乐。

当前抖音平台在这方面已经非常智能化了，运营者上传短视频时，平台会自动判定短视频内容并为其匹配合适的音乐，如图5-21所示。

图5-21　平台为某短视频自动匹配的背景音乐

由图5-21可以看出，由于我们上传的短视频内容是油菜花，抖音平台为短视频匹配的也是与“花”有关的歌曲，如“花开的时候”“走着走着花就开了”“花开的季节”等。

另外如果在上传短视频时，认为平台匹配的背景音乐与短视频的内容不够契合，运营者可以在"更多音乐"里面搜索合适的音乐，如图5-22所示。

图5-22　搜索背景音乐

除了抖音App，剪映App里也有很多背景音乐可以选择，抖音运营者可以根据短视频内容和自己的需要自行搭配。

（2）灵活调整背景音乐

很多抖音运营者可能认为一条短视频只能搭配一段背景音乐，其实并非这样。现在抖音短视频的内容越来越丰富，并且前后内容可能形成一定的反差，这时用同样的音乐就不太合适。运营者在同一条短视频中针对不同的内容搭配不同的背景音乐，利用背景音乐烘托气氛，将背景音乐的作用发挥到极致。

但是，这样一来就不仅需要对视频进行剪辑，还需要对音乐进行剪辑，运营者可根据实际情况进行选择。

（3）选择当前用户认可度比较高的背景音乐

所谓用户认可度比较高的背景音乐，其实就是当前抖音平台的爆款背景音乐。运营者在上传抖音短视频选择背景音乐时，点击“更多音乐”，下拉界面可以看到“热歌榜”，点击即可查看到当前抖音平台上最火爆、使用率最高的背景音乐。

运营者可以依据短视频的内容选择合适的背景音乐，但需要注意的是，不可为了迎合用户而选择与短视频内容不相符的音乐，这样最终的短视频不仅得不到用户的喜爱，还可能会引起用户的反感。

（4）选择轻音乐

如果运营者目前还不具备为短视频内容匹配合适背景音乐的能力，可以直接为短视频搭配轻音乐，也就是我们常说的没有歌词的纯音乐。

因为轻音乐本身不具备过多的感情色彩，可以在很多不同的短视频中套用，不会产生明显的违和感。

（5）选择原声作为背景音乐

当前抖音平台上有很多情景剧式的短视频，或者类似“麻辣德子”之类的教学类短视频，使用的都是自己的原声。

这类短视频在拍摄录制时一般要使用话筒等扩声设备，要注意收音清晰，不能含混不清，除了在拍摄时收音，也可以采取后期配音的形式。运营者可以根据短视频的具体内容和呈现形式进行选择。

3.选择背景音乐的注意事项

（1）背景音乐不要太突出

抖音运营者在选择背景音乐时，需要明确的一个观点是背景音乐起到的是辅助作用，就像电视剧，背景音乐在短视频中充当的是“配角”，不能抢了“主角”的戏。

尤其是短视频内容中包含部分对话内容或者旁白时，更要适当调小背景音乐的音量，以免因为背景音乐音量过大，影响了用户获取短视频的内容。

（2）不要侵权

音乐类短视频是抖音平台重要的组成部分，很多热门音乐都被用户广泛流传使用，而且当前很多网络音乐平台，如QQ音乐、网易云音乐等都专门设立了抖音热歌渠道。

但是这并不意味着我们在使用这些音乐时不需要顾及版权问题。抖音运营者在为短视频选择背景音乐时，应该要考虑到授权等问题，以免因为侵权给自身带来不好的影响。

总而言之，背景音乐是短视频的重要组成部分，适宜的背景音乐能够为短视频加分，否则便会影响短视频的整体效果，所以抖音运营者在选择背景音乐时一定要慎重。

另外抖音运营者需要明确，短视频的内容、标题、封面以及背景音乐都是非常重要的，这四者是相辅相成的关系，在创作短视频时应该同等对待，不能顾此失彼。

5.3.4 美化评论区

就像我们通过网络购物平台购买商品时会查看评论，很多人在浏览抖音时，看到有趣的短视频会习惯性地点开评论区，当看到有趣的评论时又会忍不住点个赞，如图5-23所示。

抖音运营者在运营抖音的过程中可以充分利用这一特点，对短视频的评论区进行美化，营造良好的互动氛围，拉近与用户之间的关系。

抖音运营者需要明确美化评论区的好处以及通过哪些方法来美化评论区。

图5-23　某账号评论区截图

1.美化评论区的好处

美化评论区可以说是抖音运营过程中非常重要的一个环节，其好处具体有以下三点。

(1) 获得更多平台推荐

前文有提到抖音的推荐机制，根据算法，短视频能否进入下一个流量池取决于播放数据和互动数据，其中互动数据包括点赞量、转发量、评论量以及关注量。提高这些基础数据能够刺激抖音平台对短视频进行更多的推荐，帮助短视频进入更大的流量池，从而获取更多的流量和曝光。

简单来说，美化评论区是帮助短视频获取更多平台推荐的重中之重。对评论区进行美化，引导更多用户自发评论，不仅可以提升短视频的数据，还能促进双方友好亲密关系的建立。

（2）了解并细化用户需求

用户评论可以反映出用户的真实想法和具体需求，运营者对评论区的关键词进行统计，可以很好地判断用户的兴趣所在，从而进一步了解用户的需求并进行细化，然后在之后的短视频内容中加以呈现。

这样做，一方面有利于提升短视频内容的吸引力，吸引更多的用户观看短视频，从而进一步提升账号的用户留存率；另一方面，用户的需求得到满足，就能在短视频内容中产生强烈的共鸣感，从而提升用户对账号的信任感。

（3）获取创作灵感

很多时候抖音运营者可能面临着创意不足的问题，无法创作出优质的具有吸引力的短视频，这时可以从评论区找寻灵感。

因为用户评论往往是其需求最直观的体现，通过查看用户评论，找到用户感兴趣的内容，将其融入到内容创作中，能够很好地提升短视频的内容质量以及用户喜爱度。

2.如何美化评论区

美化评论区的方法大致有以下三点。

（1）引导用户评论

首先我们可以在短视频中通过口播的形式引导用户评论，如“觉得不错的点赞+评论”“评论区互动有抽奖活动”“评论区挑选一位朋友送小礼物”等。

通过视频文案描述的形式引导用户积极参与评论，这样能够极大程度地增加评论量。

除此之外，在评论区没有评论或评论较少的情况下，抖音运营者可以借用不同设备，在评论区自己给自己评论，提升评论区的活跃程度，从而吸引用户评论。

（2）认真回复评论

根据抖音算法，评论区的回复率越高，账号越为优质。当系统判定账号为优质账号时，就会给账号分配更多的推荐量。这是抖音运营者要积极回复用户评论最重要的一个原因。

另外，评论区回复评论体现了运营者的态度，一方面平台会判定账号为优质活跃账号，给予更多的流量；另一方面用户看到运营者如此认真对待他们的评论，会不由自主地对账号产生好感，从而更多地关注其短视频。

所以回复评论尤其是“神评论”也是美化评论区的一个重要方法，运营者可以着重对评论区中比较出彩的评论进行回复，引导其他用户点赞和评论。

（3）维护“种子用户”

这里的“种子用户”是忠实粉丝的意思，类似于实体店铺的老客户。在抖音平台，维护好比较活跃的种子用户是有诸多好处的：其一，种子用户可以帮助运营者回复其他用户的评论，减轻运营者的工作量；其二，作为优质的忠实粉丝，可以帮助运营者引导评论区一些有冲突的言论，维护评论区的和谐。

也就是说，抖音运营者要注意和账号的忠实粉丝拉近关系，采取一些方式提升这些粉丝的忠诚度，如线下见面、送礼物等。

精彩的评论能够起到画龙点睛的作用，抖音运营者在运营时，要注重评论区的美化，进一步提升用户对短视频的喜爱程度，从而带来整体数据的提升。

5.3.5　拍摄、剪辑有方法

很多新手抖音运营者在操作前期学习了非常多的理论知识和操作技巧，对DOU+的投放更是进行了深入的了解，想着在抖音平台“大展身手”。然而真正上手后，却发现连最基础的拍摄都不会，剪辑更是无从下手。

而且当前还有不少抖音运营者错误地认为短视频质量指的就是内容质量，其实不然。创作抖音短视频，除了编写脚本、策划内容、写标题、做封面外，还需要两个非常重要的环节才能将短视频完美地呈现出来——拍摄和剪辑。

当前抖音用户对短视频的要求越来越高，要求短视频的内容具有多样性，对短视频的拍摄技术和剪辑技术的要求也越来越严格。

如果拍摄技术比较欠缺，会导致短视频画质不够清晰，画面抖动或者画面主体展示不全等问题。而如果剪辑技术比较薄弱，则会造成短视频内容混乱，前后颠倒，没有逻辑，重点也不够突出。

这样的短视频上传到抖音平台后，极有可能无法通过审核。即使通过审核，系统在对短视频做初步评估时也会判断该短视频为劣质短视频，不会进行目标用户的匹配，而用户在看到短视频内容时也会因为观感体验不好而对账号产生偏见。

也就是说，即使短视频内容策划得再完美，没有拍摄和剪辑技术的加持，其内容就无法得到很好的展示，最终的效果也会大打折扣。

所以抖音运营者在深入了解抖音平台的规则以及DOU+投放的技巧后，还应掌握短视频拍摄和剪辑的一些技巧方法。

1.抖音短视频拍摄

在正式拍摄之前，运营者首先要明确拍摄方向和拍摄内容，即确定拍摄主题。包括短视频的呈现形式、感情色彩以及整体风格等，只有首先明确拍摄主题，才更有利于接下来的流程。

以下是抖音短视频拍摄的一些技巧，这里的操作技巧均以抖音相机为参考。如果抖音运营者借助其他工具拍摄可自行研究。

（1）倒计时拍摄

倒计时拍摄主要是针对一些远景拍摄并且没有团队协助的情况，在拍摄界面点击“倒计时”按钮，有3秒倒计时和10秒倒计时可以选择，如图5-24所示。

图5-24　倒计时功能示意

使用倒计时功能的好处是可以有一定的缓冲时间，以免拍摄时过于慌乱。

（2）调节快慢速

调节速度速率主要针对的是视频的背景音乐与内容，其最大的好处在于能够帮助抖音运营者找到合适的节奏，操作时在拍摄界面点击“快慢速”按钮即可，如图5-25所示。

简单来说，如果选择“快”或“很快”拍摄，背景音乐速度固定，画面变快，则短视频最终呈现速度变快；如果选择“慢”或“很慢”，背景音乐速度固定，画面变慢，则短视频最终呈现速度变慢。

调节速度速率，会使内容具有不一样的节奏感，能够很好地提升内容的多样性。

（3）分段拍

抖音短视频支持分段拍，是指拍摄一段视频后中止拍摄，过段时间再继续拍摄，最终将几个片段剪辑在一起形成一个完整的短视频。分段拍适用于拍摄不连贯的情况，将拍摄方式由“快拍”切换为“分段拍”即可，如图5-26所示。

比如抖音很火的“一秒变装”类短视频就可以采取分段拍的形式。

分段拍有15秒、60秒和3分钟三种时长可以选择，抖音运营者在拍摄时可根据需要自行选择分段时长。

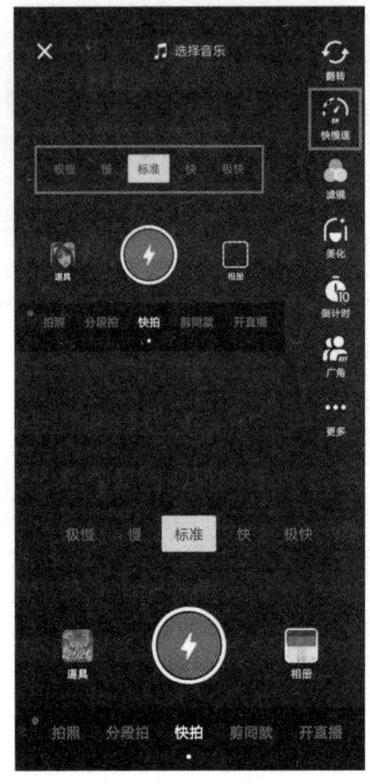

图5-25　调节快慢速示意

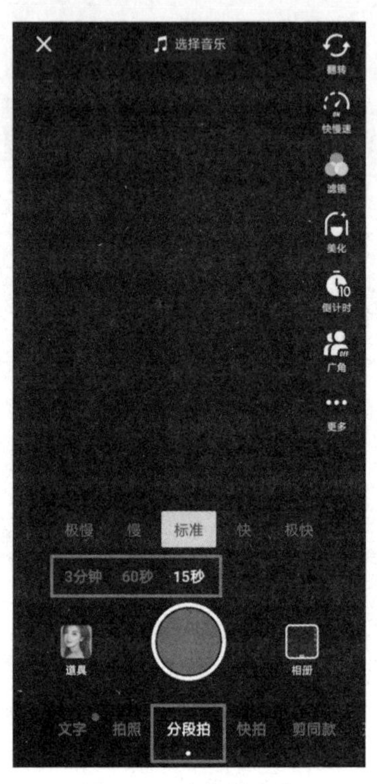

图5-26　分段拍示意

（4）运用合拍

“合拍”是抖音平台推出的一种非常有特色的拍摄玩法，是指将短视频画面一分为二进行呈现，类似于我们在看新闻时电视画面出现的主持人和记者连线，在抖音平台比较常用的是合唱类短视频。

具体操作方法为找到想要合拍的短视频，点击分享按钮，在弹出的菜单中选择“合拍”，点击拍摄即可，如图5-27所示。

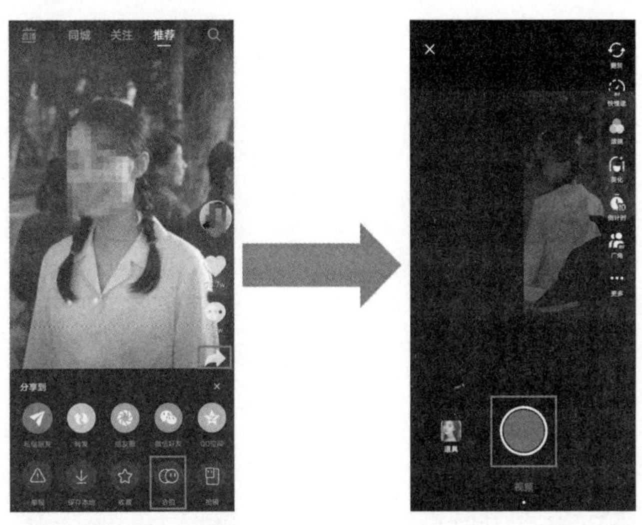

图5-27　合拍的方法

合拍是一种很好地提升流量的方式，抖音运营者在拍摄短视频时可以尝试这种方式，但是前提是要经过对方的允许。

（5）使用稳定器

视频画面抖动是很多短视频都会出现的问题，画面抖动非常影响观感体验，在拍摄视频时设备千万不能剧烈抖动，并且要保证整个过程中对焦正确，这样才能拍出清晰流畅的短视频。

为了防止画面抖动，在拍摄短视频时，除了可以借助抖音相机自带的“防抖”功能，还可以使用稳定器。现在市面上已经有很多品牌的手机手持稳定器和单反手持稳定器，运营者可根据需要考虑购买。

（6）添加特效

当前，为了增加短视频的多样性，丰富短视频的呈现形式，抖音相机推出了很多特效供运营者选择。进入特效选择界面之后，可以左右滑动，选择短视频最合适的特效来强化短视频的效果，如图5-28所示。

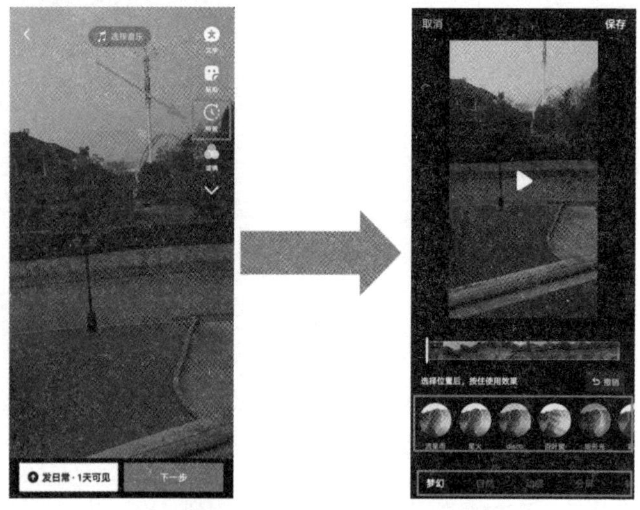

图5-28　添加特效操作方法

不同的特效呈现出的效果也不同，运营者可以在短视频中适当添加特效，避免短视频的内容过于单一。

（7）合理利用光线

拍摄短视频时光线是非常重要的，好的光线能够给短视频的整体呈现效果大大加分。短视频拍摄的过程中，可以使用手机自带的闪光灯，除此之外也可以购买专业的补光灯为短视频拍摄打光。

利用好光线不仅可以增加短视频画面的美感，还会使人物形象更加立体，从而很好地提升用户观看体验。

无论是手机拍摄还是相机拍摄，以上这些技巧都是适用的。抖音运营者在拍摄短视频时可以借鉴这些方法，在平时多拍多练，拍摄技术会越来越好，短视频呈现的效果也会越来越好。

需要注意的是，短视频拍摄有横版与竖版之分。就抖音平台而言，相比横版短视频竖版短视频展示的内容更多，更利于打造沉浸式的用户体验。而且竖版短视频更符合抖音用户的观看习惯。

所以建议运营者以竖版的形式去拍摄短视频，比例建议为9∶16。此外，由于短视频上传时会被压缩，因此通过电脑端上传的短视频画质会更加清晰。

最后要强调的一点是，抖音是一个提倡原创，打击非原创的短视频平台，所以建议抖音运营者要具备一定的创新能力，上传到抖音平台的短视频也要有其独有的特色。只有这样，短视频最终获得的评价才会更好，DOU+的投放才能更有价值。

2.抖音短视频剪辑

一条优质的短视频，除了要有好的拍摄技术，后期的剪辑也十分重要。通常情况下，一条短视频的拍摄不是一次就能完成的，运营者往往会拍摄非常多的素材，再从中挑选合适的素材进行剪辑才能呈现，如果缺乏剪辑或者剪辑不到位，整个短视频的内容就会显得十分混乱，让用户摸不着头脑。

也就是说前期的拍摄固然重要，但是后期的剪辑也十分关键。

那么抖音短视频应该如何剪辑呢？有哪些关于剪辑的内容是需要运营者掌握的呢？

抖音运营者需要明确短视频剪辑应该遵循的原则。短视频剪辑的原则大致来说有三点，即细致、创新和代入感。

首先运营者在剪辑时必须保证视频各素材之间衔接流畅自然，不能出现混乱颠倒的画面；其次，在剪辑短视频时要融入自己的创新意识，必要时可以创新其呈现形式，让用户耳目一新，但不可为了追求创新而创新；再次，短视频的最终呈现要让用户有代入感，运营者在剪辑时也要运用真情实感，站在用户的角度进行剪辑，只有这样才能制作出符合用户期待的短视频。

（1）抖音短视频剪辑的操作方法

介绍抖音短视频剪辑的操作方法之前，首先要先介绍一款剪辑工具——剪映。这是抖音官方推出的一款剪辑“神器”，其基础功能比较完善，可以满足抖音短视频剪辑的多种需求。

在这里对剪映的一些基础功能进行简单的介绍，如表5-5所示。

表5-5　剪映的基础功能

基础功能	细分项目	具体作用
剪辑	分割、变速、动画、防抖等	对短视频内容进行初步删减整合，完成雏形
音频	音乐、音效、录音等	为短视频添加背景音乐
文字	新建文本、文字模板、识别字幕、识别歌词等	为短视频添加字幕等
贴纸	多种贴纸任意选择	让短视频变得更加丰富
画中画	在原视频的基础上叠加另外的短视频	增添画面的层次感
特效	多种特效任意选择	让短视频呈现效果更多样化
滤镜	多种滤镜任意选择	让视频画面更加精美
调节	亮度、对比度、饱和度、光感、锐化等	提升画面质感

除了剪映，抖音运营者还可以使用Videoleap、VUE、InShot、猫饼、印象等App进行短视频的剪辑，电脑端可以使用Premiere工具进行剪辑。

（2）抖音短视频剪辑的技巧

运营者学会短视频的剪辑技术之后，还需要注意使用一些短视频的剪辑技巧，让短视频最终的呈现效果更好。以下是关于抖音短视频剪辑的三点技巧。

①添加滤镜

不同的短视频需要不同的呈现效果，当拍摄无法实现理想的呈现效果时，运营者可以借用滤镜来完成。使用滤镜可以调整画面的质感，滤镜使用得当能给人以惊艳的感觉。

图5-29所示为剪映App上的各种滤镜，运营者可以任意选择，针对不同的短视频内容搭配不同的滤镜。

图5-29　剪映App上的各种滤镜

除此之外，抖音平台上还有很多关于如何选择以及调整滤镜的教程，如图5-30所示。

图5-30　某滤镜使用教程视频截图

②使用贴纸

使用贴纸可以增加短视频内容的丰富性和多样性，如果短视频内容本身不具备很强的吸引力，运营者可以通过添加动画贴纸来吸引用户。同样的，剪映App上有非常多的贴纸供运营者选择，如图5-31所示。

③处理图片

虽然抖音短视频是以动态内容为主，但有些短视频中也会夹杂一些图片，还有部分短视频是由图片拼接而成。如抖音账号“罗百万”发布的一条短视频就是由四张图片制作而成，该条短视频从

图5-31　剪映App上的各种贴纸

发布到截取时不到一天的时间，已经获得了136.8万次点赞，6.3万条评论和2.2万次转发，如图5-32所示（图片截取于2021年2月3日）。

图5-32　账号“罗百万”发布的由图片拼接而成的短视频截图

在抖音平台上，一条由图片制作成的短视频可以在这么短的时间内获得如此高的互动数据，足以说明优质的图片是多么地重要。所以，如果当短视频中夹杂有图片时，一定要将图片处理好，这样有利于提升用户对短视频的喜爱程度。

上述技巧是剪辑短视频的基本技巧，使用得当可以给短视频最终的呈现效果带来很大的提高。

第 6 章
关于DOU+，那些你不知道的事

随着DOU+在抖音平台被认可的程度越来越高，DOU+的使用人群也越来越广泛。但还是有很多运营者对DOU+了解得不够深入。本章包括两个方面的内容，一是关于DOU+充值出现的一些骗术以及鉴别方法；二是关于DOU+的一些注意事项，也可称为“隐藏玩法”。本章将对这两个方面的内容进行深度剖析。

6.1 DOU+防诈骗攻略

随着抖音平台的飞速发展，运营者之间竞争愈发激烈，投放DOU+也越来越有必要。DOU+作为一款付费内容加热工具，可以为短视频提供流量和曝光，能够帮助抖音运营者获得更多的用户互动，在降低运营者工作难度的同时帮助其快速成长。

很多抖音运营者表示，投放DOU+可以很好地提升短视频的各项数据，因此DOU+的使用频率变得越来越高。

当一样事物逐渐被大众所接受时，就给了不法分子可乘之机。2020年12月15日，抖音账号“1818黄金眼”发布了一条标题为“网红花上百万代充‘DOU+’，现在都找‘傅某’退钱？”的视频，内容大致是某带货主播经朋友介绍结识了从事DOU+代充的傅某，傅某号称充值DOU+有折扣，于是该带货主播与傅某达成了合作，但是一段时间后，该带货主播发现DOU+充值暂停了，而傅某也失去联系，最终自己损失了三十多万元。

视频也指出，还有很多抖音运营者经历过类似的骗局。很多不法分子打着“DOU+代理公司”的旗号行骗，一些运营者经受不住诱惑，最终被骗。

抖音DOU+常见的诈骗招数有哪些？作为抖音运营者，我们应该如何鉴别这些诈骗手段呢？

6.1.1 骗子的花式说法

很多抖音运营者在投放DOU+时考虑到投入产出比，认为从官方渠道投放DOU+成本偏高。骗子正是利用了这一心理，不断向运营者传达不能从官方渠道购买DOU+币，而应该通过DOU+代理公司购买，不仅投放更加及时，最重要的是能够节省资金，投入少，回报高，通过各种花式说法引诱运营者通过他们购买DOU+币。

常见的DOU+诈骗招数有以下三种。

1.DOU+代理商骗术

不少公司号称是“DOU+代理公司”，拥有代投DOU+的权利，而且通过各种渠道进行大肆宣传，甚至举办线下宣讲会，出具各种资质文件令运营者信服，如图6-1所示。

这些所谓的DOU+代理商充分利用抖音运营者的心理，诱导运营者进行购买，而且他们还煞有其事地推出DOU+的PC端应用程序，进一步打消运营者的疑虑。

事实上，抖音官方曾声明，抖音DOU+不存在任何“DOU+代理商”，而且仅支持抖音App相应入口进行加热操作，不存在任何PC端后台。

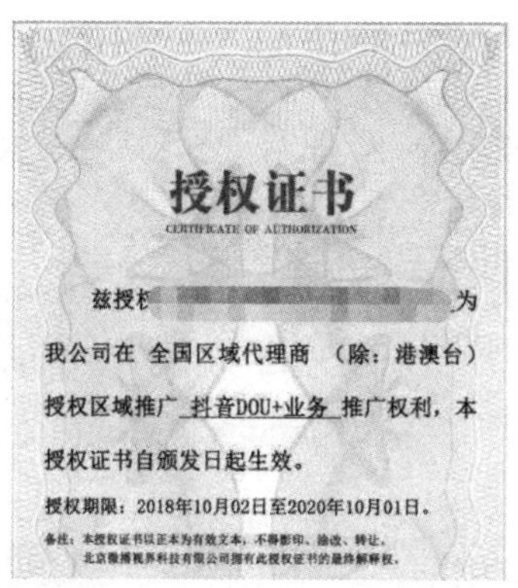
授权证书
CERTIFICATE OF AUTHORIZATION

兹授权[illegible]为我公司在 全国区域代理商 （除：港澳台）授权区域推广 抖音DOU+业务 推广权利，本授权证书自颁发日起生效。

授权期限：2018年10月02日至2020年10月01日。

备注：本授权证书以正本为有效文本，不得影印、涂改、转让。
北京微播视界科技有限公司拥有此授权证书的最终解释权。

图6-1　网络上流传的“DOU+代理商”伪授权证书

2.内部优惠价骗术

很多抖音运营者经常收到各种各样的虚假信息，声称其有DOU+内部优惠价，如图6-2所示。

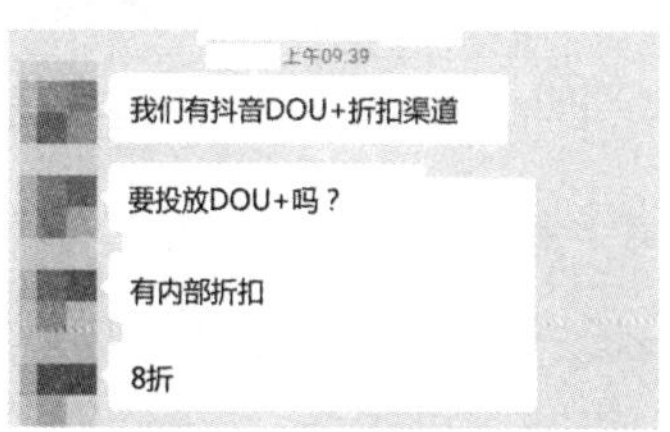

图6-2　某宣传DOU+内部优惠价的微信聊天截图

另外，当前兜售“DOU+优惠券”也已经形成了“产业”，在很多第三方可以以非常低的价格购买DOU+币，图6-3所示为某平台购买DOU+币骗术的截图。

图6-3　某平台购买DOU+币的骗术界面

由图6-3可以看出，通过该渠道购买600DOU+币，只需花费65元，而通过官方渠道购买600DOU+币需花费600元，两者几乎相差了10倍，且充值越多，价格优惠力度越大。

很多抖音运营者经受不住诱惑试水购买，结果发现被骗，如图6-4所示，为某平台某买家受骗后的追加评论。

抖音官方也曾表明，DOU+充值没有任何内部渠道，也没有所谓的内部优惠价格，唯一的充值渠道是抖音App端的“DOU+上热门”，而且抖音官方也会不定期发起充值优惠活动。

图6-4　某用户在某平台购买DOU+币受骗后所做出的评论

除了抖音官方发起的活动，抖音运营者在看到其他类似折扣信息时，不仅不能购买，还要对其进行举报，营造良性的竞争环境。

3.企业DOU+骗术

自抖音推出“企业蓝V”之后，一些诈骗公司将“企业蓝V”和“企业DOU+”强行绑定在一起，偷换二者的概念，混淆视听，如图6-5所示。

图6-5所示是某抖音用户发布的一条短视频的两帧截图，视频中的公司通过线下宣讲的形式宣传企业DOU+，同时采用“饥饿营销”模式，采取限购政策，很多运营者花费几万元购买后，发现其服务并不包含DOU+投放。

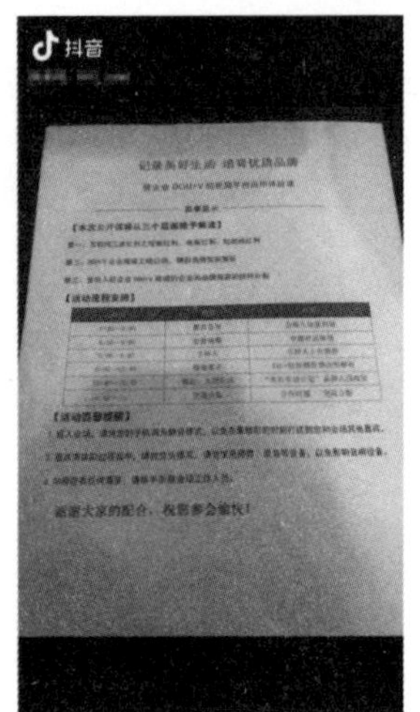

图6-5　某抖音用户发布的短视频截图

抖音运营者需要明确，DOU+和“企业蓝V”是两个完全不同的产品，如果有运营者想要将抖音账号认证为“企业蓝V”用户，通过登录renzheng.douyin.com进行认证即可，认证费用仅需600元。

总的说来，除了抖音官方以及获得抖音授权的第三方发起的活动，任何机构或公司举办的任何活动都不能参与，谨防上当受骗。

6.1.2　如何鉴别诈骗手段

面对这些花式诈骗手段，抖音运营者除了避而远之，还可以通过哪些方法对这些诈骗手段进行鉴别呢?

以下是两种鉴别方法。

1.查看DOU+代投通知

虽然抖音明确表示抖音以及DOU+不存在任何代理商，DOU+也只能通过抖音App端“DOU+上热门”进行投放，但是我们知道DOU+不仅能够自投，也可以代投，前面也有对代投的方法进行介绍。

抖音官方为了规范代投，会给接受代投的账号发送DOU+上热门通知，如图6-6所示。

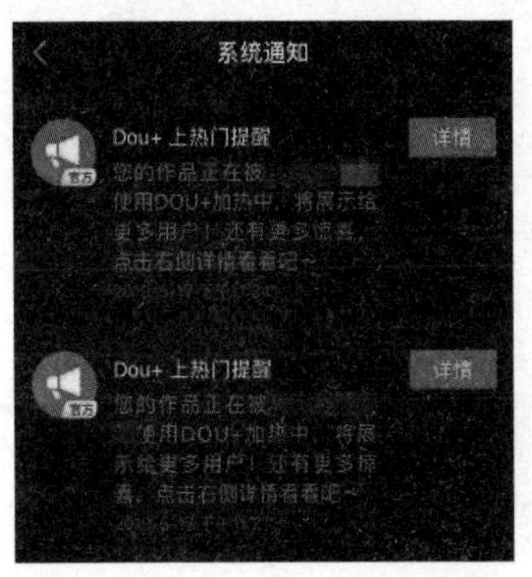

图6-6　代投DOU+上热门提醒

另外，抖音官方也提示，虽然有操作提醒，但是代投依然存在一定的风险。为了最大程度地规避风险，建议有投放需求的运营者尽量自投，一来可以实时查看投放数据；二来可以确保投放真实有效。

2.联系DOU+官方客服

抖音运营者在运营过程中遇到解决不了的问题都可以申请客服的帮助，在抖音主页面点击“我”—“≡”—“钱包”—“DOU+上热门”—“帮助与客服”，这里设置了一些常见问题，运营者可以自行查看，如图6-7所示。

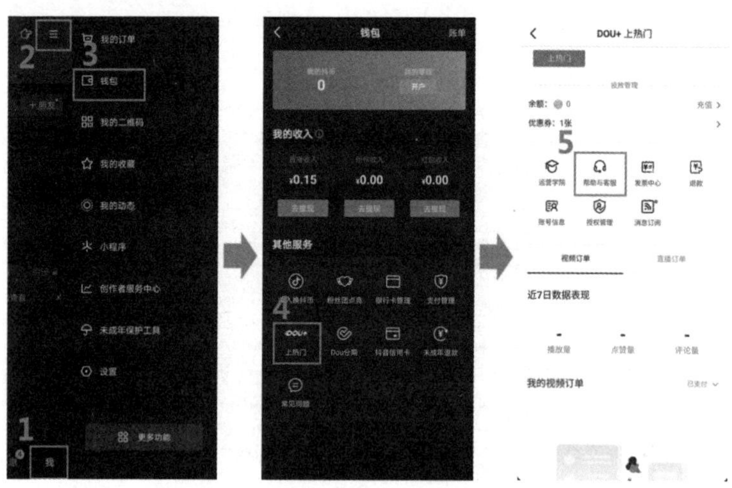

图6-7 联系DOU+客服示意图

抖音运营者在投放DOU+时一定要认准官方通道，提升防骗意识，避免因为贪图小便宜而造成更大的损失。

此外，抖音官方还曾公布过站内防骗的“五不原则”，如表6-1所示。

表6-1 抖音站内防骗“五不原则”

原则	阐述
不认错官方标识	在收到任何有关抖音的私信时，一定要认准官方账号，一切可疑人员发来的信息都不要回应
不要将验证码等信息告知他人	任何平台发来的验证码都只能自己知晓，不要告诉其他人
不点击可疑链接	不要随意点击有关抖音的可疑链接，无论微博、微信、QQ还是邮箱都不要点击，也不要随意扫二维码
不买卖账号	买卖账号容易引起各种纠纷，任何时候都不要买卖账号
不随意添加站外好友	如果有人打着抖音的幌子想要和你添加好友，一定要确认身份后再添加，谨防受骗

6.2 玩DOU+的两大注意事项

DOU+是一款内容加热工具，投放DOU+之后，短视频的播放量可以得到显著提升，是帮助短视频上热门的重要手段。

但是我们知道，短视频能够登上热门是由多种因素共同决定的，并不单单取决于短视频的播放量。前文的内容也有提到，决定短视频能否登上热门，成为爆款视频的关键在于用户对短视频内容的反馈。

也就是说，投放DOU+如果只是增加了短视频的播放量，那么这样的DOU+投放实际上对短视频上热门的帮助是比较小的。如果投放DOU+之后，短视频内容能够得到较好的反馈，这样的DOU+投放才能起到较大的作用，促进短视频进入“爆发阶段”。

前文提到了关于投放短视频DOU+与直播DOU+的技巧与方法，但是DOU+投放最关键的是在于利用DOU+的优势，来实现DOU+投放的利益最大化。

那么作为专业的抖音运营者，我们应该如何操作才能实现DOU+投放的利益最大化？以下是抖音运营者在操作投放DOU+时的两大注意事项。

6.2.1 “数据化思维”，避免胡乱投放

首先，我们要理解何为“数据化思维”。数据化精准营销专家赵兴峰在《企业数据化管理变革》一书中提道：“数据思维是根据数据来思考事物的一种思维模式，是一种量化的思维模式，是重视事实、追求真理的思维模式。”

对DOU+来说，数据化思维是指针对具体短视频具体分析。每条短视频的数据都不尽相同，那些由众多经验丰富的运营者总结出来的“绝对指标”并不能适用于所有的短视频，尤其是投放了DOU+的短视频，而且每个账号的属性特征也不相同，只有建立属于自己的短视频“数据库”，才能更好地为后期运营服务，帮助抖音运营者有针对性地进行改进，提升短视频数据以及DOU+投放的效果。

那么数据化思维应用到DOU+投放中，具体有哪些内容是需要抖音运营者掌握的呢？下面将从两个方面对这个问题进行阐述。

1.关注重点

在对抖音DOU+进行数据分析时，抖音运营者应该对自身短视频数据、同类短视频数据以及热门短视频数据进行分析。

（1）自身短视频数据

在短视频发布后对其数据进行深度分析对后期运营是非常有帮助的。前文也有提到，很多抖音运营者在投放DOU+时忽视数据分析，导致投放效果不尽如人意，而且找不到原因和解决办法。

对短视频进行数据分析能够洞悉DOU+投放没有效果的原因，并能有针对性地寻求解决办法。

比如，根据抖音推荐算法，通常情况下，短视频每增长100次播放量，会带来至少5个点赞量，优质的短视频内容获得的点赞量可能更多。如果对短视频进行了DOU+投放，并且有针对性地提升了“播放量”，但是最终短视频空有播放量，点赞、评论的数量极低，这也表明了短视频的内容不够优质，抖音运营者需要对短视频的内容进行优化。

数据分析涉及很多方面，比如“播放总量”“视频评论数”“视频点赞数”等，抖音运营者应该根据这些数据来判断DOU+投放的情况，从而对短视频进行优化处理，让后期运营以及DOU+投放的效果更好。

（2）同类短视频数据

短视频是否进行了DOU+投放在推荐流中是无法被辨别的，但是我们依然要对对标账号进行数据分析，选取几个比较有潜力的同类账号，学习总结他们成功的经验，观看其短视频的拍摄手法等技巧，取其精华、弃其糟粕，提升自己短视频的质量。

虽然无法得知同类账号是否投放DOU+，但是我们可以通过关注以下两个数据来对其进行分析。

①粉丝数量

通过关注同类账号的粉丝数量，可以对该类型账号在抖音平台上的竞争程度进行判断，然后大致得出投放DOU+的难度。如果同类账号比较多，但其粉丝数量比较少则表明账号的发展潜力比较大，只要内容足够优质，后期投放DOU+的效果也会比较明显，而且也无需太多资金投入。反之，如果同类账号比较多且粉丝数量也比较庞大，则表明该类型账号在抖音平台上的竞争也比较激烈，但是同时也表明了该领域涨粉比较容易，所以后期可以针对目标人群定向投放DOU+，也能有不错的效果。

也就是说，通过对同类短视频进行数据分析，可以大致判断DOU+投放的难度以及DOU+投放的效果，抖音运营者可以多关注对标账号的粉丝数量，从而更好地进行DOU+投放。

②每日涨粉数量

通过同类账号每日涨粉数量可以直接判断出他们的作品受用户喜爱的程度。比如某账号一直以来的粉丝数量都没有很大的波动，但是在发布某条短视频后粉丝数量猛涨几千，则表明该条短视频迎合了用户的喜好。

作为同行，我们除了可以学习其作品，还可以在最短的时间内发布一条类似的短视频来引流并跟投DOU+，往往能取得不错的效果。

（3）热门短视频数据

除了关注同类账号发布的短视频数据，抖音运营者还需要关注热门短视频的数据，分析这些热门短视频为什么能成为爆款。

比如，这些热门短视频的配乐通常是哪些，是否可以应用在即将发布的短视频中，以及这些短视频是否与抖音热榜的热门话题有关，我们的短视频能不能蹭热度等。

抖音运营者甚至可以根据热门短视频来调整DOU+的投放策略，更有针对性地进行DOU+投放。

只有将自身的数据、同行的数据以及热门短视频的数据都分析到位之后，抖音运营者在操作投放DOU+时才会更加游刃有余，DOU+的投放也才能更有效果。

总的说来，抖音运营者需要掌握很多技巧方法，除了拍摄、剪辑、配乐等这些基本操作，还要学会数据分析，数据分析是为了有针对性地对短视频进行调整，如标题、封面、内容等。尤其是操作投放DOU+时，更加要运用数据化的思维方式关注DOU+投放的效果，对DOU+的投放进行数据化分析，针对问题及时对DOU+的推荐模式、定向人群以及发布技巧等方面进行调整。

2.操作方法

数据分析对抖音运营者来说是非常重要的，在对数据进行分析的过程中，我们可以发现问题并分析原因，找到解决办法，并为后期运营提供优化建议，不至于找不到方向。

做好数据分析，主要有以下三个操作方法。

（1）定期记录运营数据及DOU+投放数据

进行数据记录时，一般要确定一个时间周期，比如7天、30天，这样的数据统计更加直观有效。抖音运营者可以根据自己的操作习惯和账号性质，选取一个固定时间记录短视频的各项数据，如播放量、点赞量、评论量、转发量等。

如果是投放了DOU+的短视频，则需要在投放前进行数据记录，投放后定时查看并记录数据，可以是1小时或者2小时，并根据数据对DOU+投放的效果进行判断，发现异常及时调整。

查看和记录相关数据是一个非常烦琐的过程，需要抖音运营者具备极强的耐心和细心，但是这个过程在整个抖音运营的全过程中是不可省略的，因为它关系到后面的运营操作。

另外，需要注意的是，所有的数据尽量真实，掺杂大量水分的数据对后期运营以及DOU+投放是没有任何参考意义的，甚至还会因为判断失误造成不好的结果。

（2）通过数据发现并整理记录问题

抖音运营者通过搜集整理数据可以发现很多问题，比如，固定时间段内哪条短视频的整体数据最好，哪条短视频的整体数据最差，哪条短视频投放DOU+之后效果显著，哪条短视频投放DOU+之后几乎没有效果。

找出问题并对其产生的原因进行详细分析，为后续的运营以及DOU+投放提供经验。

但是抖音运营者需要格外注意的是，在查看整理数据时，如果数据相差较小则没有分析的意义，我们要对数据相差较大的短视频进行分析，这样的分析才是有效的分析。

比如，某账号发布的短视频一定时间内平均播放量为2000，其中一条播放量为2100，是所有短视频中播放量最高的，但是相比平均播放量，这条短视频的数据并不算太好，因此针对这条短视频进行数据分析不能说明问题。但是，如果某条短视频的播放量达到5000，运营者就应该针对这条短视频进行各方面的具体分析，找到播放量高的原因并在后续的运营中加以应用。

反之，如果其中一条短视频的数据非常低，运营者也要对该条短视频进行全方位的分析，在后续运营中避免再次出现类似问题。

当然，播放量只是其中一项数据，抖音运营者在进行数据分析时，要结合多项数据进行分析。

（3）针对问题提出解决办法

针对问题提出解决办法是进行数据分析最主要的目的。抖音运营者根据数据搜集和整理，得出目前抖音运营中存在的问题，并有针对性地提出解决办法，为后期运营提供参考建议。

比如，某美食教程类账号，一直以来都是走高端路线，视频中制作美食所需的食材都是一些平常不易购买的食材，所以长期以来该账号一直处于不温不火的状态，但该账号在调整定位之后发布了一条关于家常菜的教程视频，播放量猛然上涨一倍多。该账号通过数据分析对账号定位进行了调整，各项数据得到了显著提升，这就是数据分析的意义所在。

DOU+投放也是如此，关注DOU+投放前后的效果对比，对其中数据有异常的短视频进行分析，从中分析得出最适合自身的运营方法和DOU+投放策略，可以让DOU+投放更有效。

通过数据分析，运营者不仅可以及时发现账号自身存在的问题，还可以分析竞争对手的相关操作，比如竞争对手的活跃时间段，目标用户的活跃时间段以及用户的兴趣偏好等。

通过专业的数据分析，了解同行业的最新动向，洞悉同行竞争者的运营套路并活学活用，对运营自身账号是极其有利的。

总的来说，一个专业的抖音运营者应做到脑子里是无限的创意，眼里是实事求是的数据。

6.2.2 “精细化运营”，切忌简单粗暴

很多刚接触抖音运营的运营者虽然对抖音的运营机制有一些初步的了解，但是在操作时仍然是靠想象和运气，而非在内容测试和数据分析的基础上进行。还有一部分商家、企业仗着推广资金充足，发布短视频之后不管数据如何，统统进行大量的DOU+投放，最终的结果可想而知。

在前几年这样的操作可能会成功，但是当前抖音平台的红利期已过，抖音的发展进入稳定期，加之用户需求的改变，仅靠想象和运气来运营抖音是万万不可取的。而且抖音平台也多次强调DOU+是一款内容加热工具，并不能够保证短视频登上热门。

反观抖音平台上一些比较资深的运营者，他们中的很多人最开始都不是专业的运营者，有些甚至在此之前从未接触过互联网行业，但是他们在抖音平台上却获得了成功。

除了抓住了抖音平台的红利期，这些资深运营者有一个共同点，就是他们在操作时都讲究“精细化运营”。

什么是精细化运营？对此比较官方的解释是，精细化运营是一种针对人群、场景、流程做差异化细分的运营策略，是结合市场、渠道、用户行为等数据分析，对用户展开有针对性的运营活动，以实现运营目的的行为。

落实到抖音平台，精细化运营有何特点？运营者又该如何进行精细化运营？

1.DOU+精细化运营的特点

总的说来，抖音平台精细化运营主要有以下三个特点。

（1）更关注流量价值

与粗放式的运营不同，精细化运营更加关注流量的有效利用率，对流量是否精准更加在意，尤其是在投放DOU+时，更加强调精准投放，正所谓“好钢用在刀刃上”，既然要花钱，就一定要花得有价值。

与此同时，抖音精细化运营还更为关注留存率和转化率，尤其是在抖音直播间，运营者在投放DOU+之后需要重点关注直播间的用户留存率以及直播间的转化情况，强调将流量的价值发挥到最大，避免流量浪费。

（2）更关注用户需求

用户需求一直是抖音运营者需要重点关注的部分。对用户在抖音平台上的浏览习惯、浏览偏好等方面进行分析，可以帮助运营者进一步了解用户需求，从而有针对性地定向投放DOU+。

除了可以对抖音后台的粉丝画像进行分析，抖音运营者还可以从飞瓜数据（抖音版）等第三方数据平台获取用户画像。相比粗放式运营，精细化运营可以更加精准地获取用户需求，从而拉近和用户之间的距离，与用户产生良好的互动，提高转化率。

（3）更重视数据分析

数据分析是当前所有互联网平台都非常重视的一部分内容，相比粗放式运营，抖音精细化运营更是十分强调数据分析，提倡多维度对数据进行详细分析，充分发挥数据的作用。

抖音精细化运营强调一切操作运营都应该基于数据，结合数据进行DOU+投放，才能更有成效。

2.DOU+精细化运营的操作技巧

DOU+投放，归根结底是一种广告推广行为，而推广的目的一定是为了反馈，精细化运营可以实现DOU+投放效果最大化，抖音运营者应该从哪几个方面着手来实现精细化运营呢?

（1）成本精细化

这里的成本精细化是指以目标为导向，在投放DOU+的过程中减少无效投入，实现“降本增效”。

投放DOU+时如何才能降本增效?

在操作经验较为缺乏时可以采用“小额多次”的方法进行DOU+投放，这样做的好处是避免因一次性大量投放却没有效果造成成本浪费。分多次进行投放可以实时查看投放效果，及时调整投放金额，提高投放效果的同时降低投放成本。

（2）投放精细化

投放精细化很好理解，是指在进行DOU+投放时，选择投放人群，将短视频更大程度地推送给目标用户，可以使用定向版自定义定向投放和达人相似粉丝投放。

除了定向人群，抖音运营者在投放DOU+时，还可以挑选投放时间，在流量比较集中的时间段投放DOU+，也能取得更好的效果，关于投放时间的选择可以参考前文内容。

（3）互动精细化

互动精细化简单来说就是指引导用户参与互动。在投放DOU+之后，要有意识地引导用户在评论区进行评论互动，这是DOU+精细化运营中非常关键的部分。

对每一条评论都要认真回复，尤其是一些比较出彩的“神评论”。如果无人评论，则运营者需要自己去发表评论，尽量不要出现零互动的情况。

良好的互动可以刺激平台更多地对短视频进行推荐，尤其是在投放DOU+之后，为了实现DOU+投放效果的最大化，运营者要注重互动的精细化管理运营。

随着互联网的不断发展，抖音平台乃至整个互联网平台都越来越强调精细化运营，甚至有人说接下来的互联网是精细化运营驱动的时代。

抖音作为短视频平台的龙头老大，运营者们更加要注重精细化运营，尤其是在进行DOU+投放时，如何通过精细化运营最大程度地降本增效，提升整体的转化率，是需要抖音运营者不断思考的问题。

附录　玩转DOU+必备的五个数据分析工具

当前，很多行业都强调数据分析的重要性，尤其是互联网行业，数据分析更是重中之重。数据可以直观地反映出某些问题，指导运营者的后续工作。除此之外，运营者还可以借助数据分析查看对标账号的运营状况。抖音是一个竞争非常激烈的短视频平台，了解对标账号的运营情况对运营者是非常有利的。

这里给抖音运营者介绍玩转DOU+的五个数据分析工具，可以助大家一臂之力。

1.卡思数据

卡思数据是一个视频全网大数据监测平台，除了抖音版，还有快手版和B站版等，主要功能包括“智能筛选”“粉丝解析”以及“平台热点”等，如附图1所示。

卡思数据有专门的“创意洞察”板块，抖音运营者可以在这里查看到抖音当前的创作热点等。

附图1　卡思数据主界面

除此之外，卡思数据也有对应的公众号，会定期发布一些运营抖音的小技巧等供抖音运营者参考学习。

2. 飞瓜数据（抖音版）

飞瓜数据是大部分抖音运营者都知道的数据分析工具，本书也多次提到。飞瓜数据是一个资历比较深的数据分析平台，也是目前用户数量最多的抖音数据分析平台。

另外，飞瓜数据针对快手和B站等也有专门的分析平台，运营者一定要进抖音版。点击登录之后即可查看到自身数据和行业数据，如附图2所示。

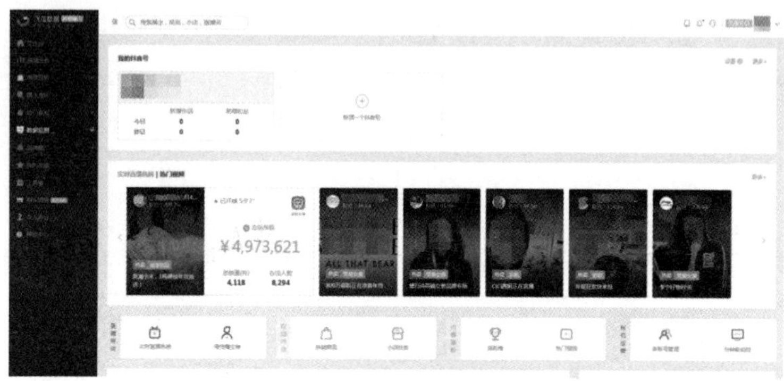

附图2 飞瓜数据（抖音版）界面

此外，飞瓜数据专门针对直播设置了数据分析版块，运营者可以查看到“实时直播热榜”“带货主播热榜”以及“直播数据大盘”等数据榜单，并且可以搜索到特定账号的直播情况，如附图3所示。

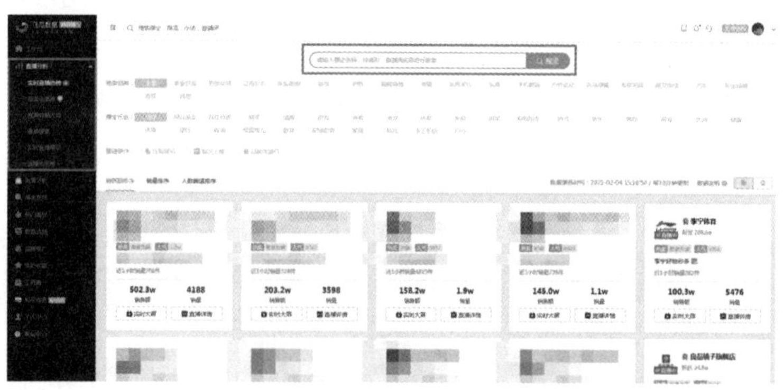

附图3 飞瓜数据直播分析版块

飞瓜数据还可以对数据进行实时监测，可对短视频和直播进行“即时监控”或者“预约监控”，为抖音运营者提供了极大的便利。

3.抖查查

抖查查是一个专门针对抖音的数据分析平台，主要功能有创意洞察、达人分析、电商分析、品牌推广、数据监测等，附图4所示为抖查查主界面。

附图4 抖查查主界面

相比飞瓜数据（抖音版），抖查查有专门的短视频数据通道，查看短视频数据更加直观，如附图5所示。

抖查查也是第一个专门针对直播提供“实时直播榜”的数据分析平台，设置有“实时销售额榜”“实时观看榜”“实时音浪榜”“实时点赞榜”和“主播粉丝榜”等多个榜单，并且每分钟都会根据实时状况进行调整，数据更新非常迅速，如附图6所示。

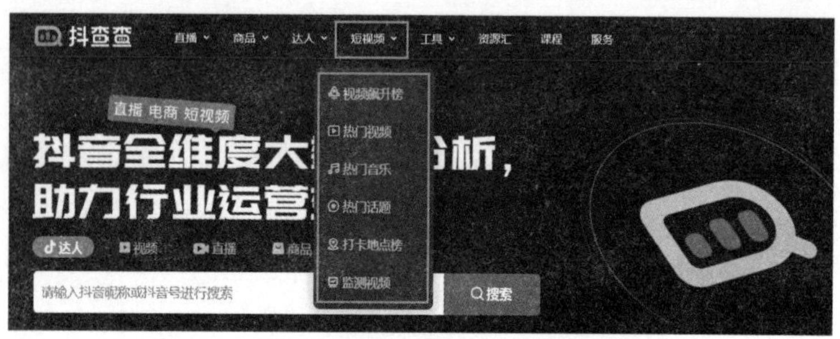

附图5　抖查查短视频数据查看通道

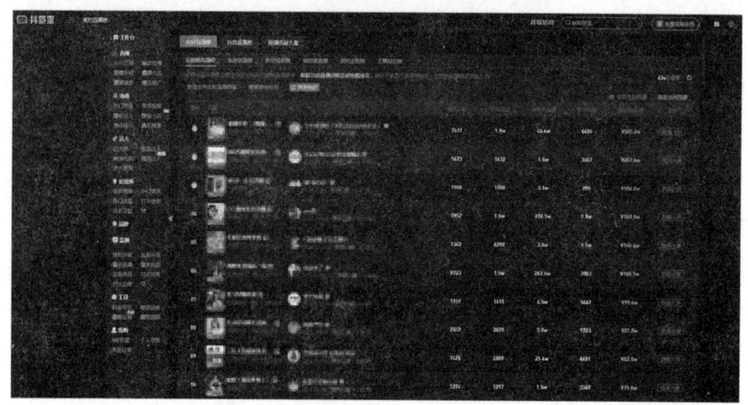

附图6　抖查查“实时直播榜”界面

4.TooBigData

TooBigData不是一款专门针对抖音平台的数据分析工具，而是一个致力于分享各种社交媒体数据的平台。通过官方的数据爬虫，用户可以获取到国内各大知名互联网平台的数据资料，如头条、快手、小红书等。

附图7所示为TooBigData主界面。

附图7 TooBigData主界面

TooBigData的收费相对于其他数据分析工具来说是较低的。它虽然不是专门分析抖音数据的工具，但是数据功能非常丰富，不仅汇集了抖音各类实用数据，包括最新行业资讯、抖音官方平台链接、热门商品、热门数据、账号诊断等实用工具，而且很多数据都可以免费查看。但是TooBigData中的广告较多，运营者如果介意可选择其他数据分析工具。

5.新抖

新抖是新榜旗下的抖音短视频&直播电商数据工具。抖音运营者可以在新榜平台对短视频数据、直播数据进行监测查看，新抖还可以对DOU+投放数据进行实时监测。

附图8所示为新抖平台主界面。

除此之外，新抖平台还提供了许多制作短视频的素材，抖音运营者可以在平台寻找用于抖音短视频创作的素材，如附图9所示。

以上这些数据分析工具都是比较常用的第三方数据分析平台，每个平台各有其特色，但是就数据查看这方面而言，所有第三方平台的基本功能都是类似的。抖音运营者如果认为抖音平台的“创作者服务中心”无法满足自己运营的需求，就可以使用第三方数据分析平台来进行数据监测。

附图8　新抖平台主界面

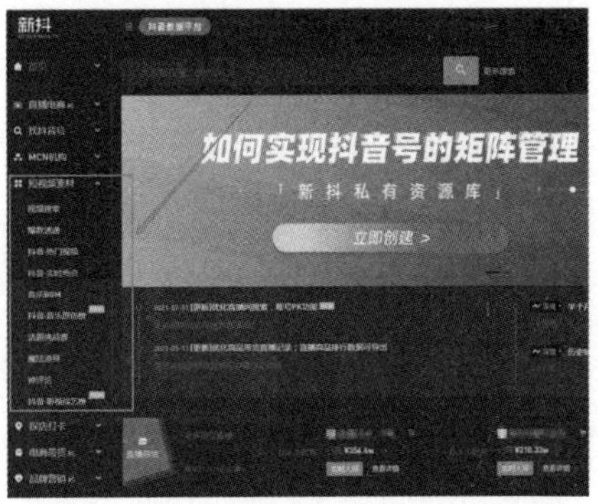

附图9　新抖平台为创作短视频提供素材